www.ingramcontent.com/pod-product-compliance
Lightning Source LLC
LaVergne TN
LVHW051300200726
843510LV00010B/1211

101 قبسة

ثقافة إسلامية سويّة

101 قبسة	:	كتاب
أسماء محمد الكواملة	:	اسم المؤلف
تنمية ذاتية	:	نوع العمل
160 صفحة	:	عدد الصفحات
ريم حسين	:	غلاف
فريدة أشرف	:	تدقيق لغوي
مريم محمد سيد	:	إخراج فني
	:	رقم إيداع
978-3-2394-0652-2	:	ترقيم دولي I.S.B.N

نبض القمة للترجمة

جمهورية مصر العربية ــ القاهرة

مدير الدار: أ/ وليد عاطف حسني

موبايل: 01116058384

الميل: nabdalqima@gmail.com

تنمية ذاتية

101 قبسة

ثقافة إسلامية سويّة

أسماء محمد الكواملة

الإهداء

إلى رسول الله محمد "صلى الله عليه وسلم"

إلى كافة الأنبياء، المرسلين، المؤمنين والمؤمنات، إلى العلماء الربانيين، إلى كل قارئ يريد النفس السوية والقلب السليم والعقل الواعي المستنير والذات المهتدية.

أسماء

قبسات من نور

المبحث الأول (قبسات نفسية)

المبحث الثاني (مقتطفات تنموية)

المبحث الثالث (تأملات قرآنية)

المقدمة

إن هذا الكتيب يدعوك إلى تنمية ذاتك من خلال الثقافة الإسلامية السّوية من خلال تحليلات نفسية وتحليلات فكرية وتأملات قرآنية بأسلوب سلس معاصر يأخذ بأيدينا إلى الطريق السليم الذي يتفق مع الحياة السوية لبنى آدم، نفهم منه ثقافتنا الإسلامية السوية، فهي سبيل خروج مجتمعنا من تلك الانهيارات فلن يتجدد بناء المجتمع الرسين إلّا ببناء قويم قوي البنيان ثابت الأركان لا يتزعزع أبدًا، فالمجتمع في حاجة ماسّة للتعمير بالخير سواء عملًا فعليًا أو إرشادًا قوليًا، فلا بد من بناء أولادنا جيدًا حتى يستطيعوا حمل الأمانة خلفنا فيقدروا على بناء مجتمع ركين، مُتحاب، متعاطف، مترابط، بعيدًا عن التفكك الذي يجعل المجتمع في مشكلات نفسية فيجب علينا مراعاة احتياج كل فرد لنعش سعداء لأن ما سوف يحدث هو أن المحتاج سيُعاني مما يؤثر علينا جميعًا فالأولى مراعاة احتياج كل فرد لسلامة المجتمع بأسره، وأيضًا يجب على كل فرد ألّا يسير وراء الركب دون أن يعلم إلى أين سيذهب، فالإنسان مُحاسَب على فكره وليس على أفكار الآخرين، فهناك الكثير من أفكار البشر الغير سليمة الداخل فيها الذاتية فهل يجوز أن تتبعهم ؟؟ طبعًا لا، كن مفكرًا لنفسك ولا تُولّي أحدًا أن يفكر لك ما دمت في إطار شرع الله أنت تبني فكرك القويم ولا تكن من التابعين بغير اقتناع فلا تعرف هويتك الحقيقة فتظل تسير إلى أن يقف بك المسير فتتوقف، فقد انتهى وقت امتحان الدنيا وأصبحت تنتظر نتيجة الامتحان إمّا سعادة بالفلاح أو شقاء وحزن بالخسران، واليوم خسران النفس فقد تخسر كل شيء ويُعوَّض إلّا خسارة نفسك لا تُعوَّض أبدًا، فانتبه جيدًا للحفاظ على نفسك في الدنيا فتفز بها وتنل النعيم في الدنيا

     ∞∞∞∞∞∞∞∞∞∞∞∞∞   أسماء محمد الكواملة   ∞∞∞∞∞∞∞∞∞∞∞∞∞

والآخرة وهذا هو الفوز العظيم، وطريقه هو الحياة السّوية وهي
الحياة في ظل الإسلام ثقافةً وتطبيقًا.

أسماء

نبذة عن الكتاب

يُعاني المسلمون في الوقت الحالي من اختلالات سلوكية نفسية واختلالات فكرية عقلية تؤدي بهم إلى مرض القلوب من ضغينة وحقد وحسد وعداوة وكراهية وغيرة هدّامة نتيجة عدم الرضا، ولا نعتقد أن هذا خطأ في التربية الأولى لا لا مطلقًا بل هو نقص في الإيمان، فاكتمال الإيمان يؤدي إلى اكتمال الرضا، واكتمال الرضا يؤدى إلى السعادة ولو كان فقيرًا، وعدم اكتمال الرضا يؤدي إلى التعاسة ولو كانت يده على خزائن الأرض كلها، مما يؤكد أنهم يريدون السعادة ولكنهم ضلّوا الطريق فلم يحصلوا عليها، فتُسبب مرض القلوب ولو عادوا إلى الله لنالوا السعادة بالرضا، فنقول إذا كنت تمتلك الرضا فأنت على قيد الحياة، وإن لم يعد الرضا موجودًا فأنت لست بحيّ أو ميت، لأن عدم الرضا يشعل نار القلوب فتعش نار في الدنيا ونار في الآخرة، ابحث عن طريق السعادة وهو النفس السويّة المتمثلة في تهذيب النفوس وتنمية الذات، فعلى كل إنسان أن يبدأ بتغيير نفسه ليحيا حياة سوية فيسود الهدوء والاستقرار والاطمئنان مما يُشعر الإنسان بذاته وحياته ويُزهر مثل الزهور مبتهجًا فرحًا بالحياة، فماذا لو عاش الإنسان بدون ما يشعر بوجوده أتكون حياة؟ لا مطلقًا فهي ليست بحياة، لذلك الحياة الحقيقية هي وفقًا لما أمر الله به ونهى عنه، فابحث عن استمرار حياتك عند مَن أعطاك إيّاها فهو العالم بما يُصلحها أو يُفسدها، فطريق الحياة السويّة هو طاعة الله ورسوله وتحقيق الصدق والإخلاص، فصدقًا في حب الله وإخلاصًا في عبادته فيصفى القلب مما يدل على نقاء النفس وطهارتها وتزكيتها وطيبتها فيصفى الذهن ويصبح الفكر سليم فيُدرك الحق حقًا والباطل باطلًا، وعلى ذلك تصبح الذات مستقيمة سوية فإن سبيل الوصول لتنمية الذات يتمثل في استقامة

النفس وسويّتها وصفاء القلب وسلامته، مما يؤدي إلى إصلاح السريرة والعلنية فتنصلح الحياة نظرًا لتهذيب النفس، وسلامة القلب، وإنارة العقل، فلا شك أن تنمية الذات تحقق الرقي في الحياة الدنيا والآخرة وهذا هو المراد من خلق الإنسان، تربية وفقًا لمبادئ الإسلام للتهيئة لدخول جنة الدنيا قبل جنة الآخرة، فلا جدال أن منبع التنمية الذاتية هي الثقافة الإسلامية السويّة عبر قبسات من نور.

هيّا بنا نبدأ هذا الكتيب فأرجو التوفيق من الله عز وجل "إن أريد إلّا الإصلاح ما استطعت وما توفيقي إلا بالله عليه توكلت وإليه أنيب" وأرجو أن يكون هذا العمل خالصًا لوجه الله وبالله بسم الله الرحمن الرحيم....

(أصل النفس)

- نفسك التي بين جنبيك

إمّا تابعة لهدى الرحمن وإمّا تابعة لهواك

إن تابعت هدى الرحمن

نالت الفضل والإحسان

وإن كانت من ذوي الأهواء

تهوى بك إلى الهواء

- فالزمها على الهداية

ترفعك المقامة

- فإن كانت من ذوي الاستقامة

سكنت دار الكرامة

- وإن كانت من ذوي الغواية

سكنت دار المهانة

- فاجعلها من المتقين

تكن لها وقاية من الجحيم

- فلابد أن تكن أبيّة

عن المعصية الدنيّة

- وفي هذا طاعة للرحمن

وهذا الأصل في الإيمان

• فعليك أيها الإنسان

تتبع هدى الرحمن

• فذوي التقوى والإيمان

يسكنون أعالي الجنان

•••

المبحث الأول

قبسات نفسية

"النفس هي مناط التكليف، فهي التي تنعم أو تعذب فلا بد أن تتبع أمر الله، وتبتعد عن نهيه وبذلك تستقيم وتترقى إلى أن تصل إلى الرضا ومن ثمّة الاطمئنان والبُشرى في الحياة الدنيا وفي الآخرة، فتكون النتيجة لا خوف ولا حزن.."

  ∘∘ ∘∘∘∘∘∘∘∘∘∘∘ أسماء محمد الكواملة ∘∘ ∘∘∘∘∘∘∘∘∘∘∘∘∘∘∘∘∘∘∘∘∘∘∘

(1)

(الأمل - اليأس)

الأمل.. ما دامت الروح موجودة في الجسد فتُترجم للقلب نبضة، وللنفس إرادة وعلى ذلك النفس تطلب وتريد الحياة وهو الأمل، والقلب يُحرك الجسد كاملًا لتفعيله بالحركة، وهذا الأمل هو الذي ينبع من النفس، وهذه هي نفوس المؤمنين لأنهم يدركون أن كل أمر يُقدمه الله للمؤمن خير، فهو يرضى به ويأمل في كل خير، أما مَن يأخذ الأمل بالحياة الدنيا ثم يلهو به غافلًا عن الحياة الآخرة فهذا هو الأمل المذموم، أما الأمل المحمود فهو الأمل الذي يُعطي الحياة الأبدية الأمل في الحياة الآخرة فهو الأمل الدائم، أمّا الأمل بالحياة الدنيا يُعطي أملًا قصيرًا ينتهي عند الموت فلا يكن لديه أمل بدخول الجنة.

اليأس.. الروح في الجسد تبعث إرادة في النفس ونبض بالقلب فيبعث أملًا في النفس إن كان أمل بالحياة الآخرة فهذا الإنسان الطبيعي، أما إذا كان أمل في الدنيا فطبيعي أي شيء لم يستطع الوصول إليه حتمًا سيُصاب باليأس والاكتئاب مما يجعلنا نستخلص أن الأمل والإيمان بأن القضاء والقدر خير هو خير علاج لليأس، فلا ييأس من روح الله إلا القوم الكافرين لذلك المؤمن لا ييأس ولا يقنط من رحمة ربه أبدًا، فالله رحيمًا به مهما ضاقت به الدنيا فلن يُكلف نفسا إلّا وسعها فلن يُحمّله فوق طاقته لا بل ما في وسعه من طاقة ليرى الله هل هذا المُبتلى صبر أم جزع؟ إن صبر ورضى وشكر نال السلام وأعطاه الله فوق ما يتمنى، وإن جزع وسخط وضجر نال الصراع الداخلي وأتعبه الله فيما يُريد، فالصبر والشكر والرضا كل ذلك جزاءه الكرامة والثواب والأجر العظيم، والجزع

والسخط والضجر جزاءه الإهانة والندم والحسرة والخسران العظيم.

نضرب مثلًا، إذا وقف الإنسان عند بداية الطريق وهو يعلم النهاية ماذا سيفعل! بديهيًا سيتحرك حتى يصل لتلك النهاية إذًا لا بد من الحركة وهي السعي لكن كلما اقترب من النهاية الذى يعلمها ستقل الحركة ويقل السعي، فعلى ذلك إذا كانت الدنيا هي البداية ولو علم الإنسان النهاية وهي الموت أي الآخرة، الأمر البديهي أنه سيتحرك أيضًا لكن كلما اقترب منها فقد الأمل في الحياة تدريجيًا أي سيُصاب باليأس، أما من حكمة الله عز وجل لم يُخبر أحدًا هذا الموعد ليظل الإنسان يسعى ويتحرك دون فقد الأمل ودون يأس، وهذا السعي طبيعي مضبوط بالتربية الإسلامية وفقًا لشرع الله ومنهاجه أوامره ونواهيه، فقد أمرنا الله بالأمل والتفاؤل والبشرى لكن نهانا عن الأمل الطويل الذى يُلهي الإنسان عن آخرته أي لا يعبد الله ولا ينفذ أوامره فيظن أن الموت لن يأتى فينصرف عن طاعة الله ظنًا أنه مُخلَّد فهذا دليل عدم الإيمان باليوم الآخر، فلا بد من أمل لكن أمل في الجنة وأنه في الدنيا يأخذ نصيبه في ظل منهج الله فبذلك أخذ الأمل الذى ليس مشوب باللهو بل أمل مشوب بالجد والعبادة والعمل، فهذا هو المطلوب بُعدًا عن اليأس الذي يجعله يفقد الإحساس بالدنيا والآخرة معًا، لأنه بهذا اليأس وهذا القنوط لن يعمل ويجدْ في الدنيا لينال النتيجة في الآخرة؛ لأن اليأس ظلم للنفس فهو يُميتها وهي على قيد الحياة فلا تفز بحياة هنا في الدنيا أو في الآخرة، والأمل اللهو الطويل ظلم أيضًا للنفس لأنه لن يشعرها بحياته الآخرة ويظل يجري في الدنيا دون التجهيز للآخرة فيُصبح من أهل الدنيا، أمّا الأمل المضبوط بأمر الله ونهيه فهو الذى يجعل الفرد يفوز بالحياة الدنيا والآخرة معًا وهذا هو المراد من الإنسان، فعندما يأتى اليقين "الموت" يجده على طاعة الله ورسوله فلا يعض أنامله من الحسرة والندم على ما قد ضاع منه بعدما انكشف اليقين،

 ∞ ∞∞∞∞∞∞∞∞∞∞∞∞∞∞ أسماء محمد الكواملة ∞∞ ∞∞∞∞∞∞∞∞∞∞∞∞∞∞ ∞∞

فاليأس من روح الله كفر، والأمل الطويل لهو وعدم تعظيم وتقدير قول الله حق قدره الإيمان باليوم الآخر، أما الأمل المضبوط بشرع الله فهذا هو تقدير الله حق قدره علم أن الدنيا هي الرحلة التى سيسير فيها بالعمل الصالح دون يأس فقد نال البُشرى في الحياة الدنيا والآخرة وهذا هو الفوز العظيم.

(2)

(اليقين ـ الثقة)

اليقين.. تعليق قلبك برب البشر والتغافل عن كل البشر وهذا هو قمة توحيد الربوبية والألوهية، باليقين تستمد قوتك من رب البشر فقوته تقهر كل القوى، باليقين تُصبح قويًا أمام كل شيء بل أمام أخطر خطر أمام الموت بل أمام النار، واليقين بالله لا يُفقَد أبدًا لأن الله هو الباقي الدائم.

الثقة.. قوة تستمدها من بشر تحصل عليها عن طريق بعض الدوافع والتحفيزات، بالثقة بالنفس تُصبح أقوى أمام ذاتك فقط وهي قابلة للفقد والاهتزاز، الثقة قد تجعلك ثابتًا أمام دنيا الناس لكن الإنسان قابل للزوال قادم على موت وحياة أخرى هي الباقية التي تستحق الثبات، عليك أن تبحث عن اليقين لا قوة الثقة بالنفس، لأن في اليقين ثقة بالنفس وثقة من كل خطر، فمعنى اليقين أن تتأكد مائة بالمائة أن الله قادر على كل شيء، وهذا اليقين بداية معرفتك بالله ثم يُعرّفك الله بنفسه حينما يُجيب ما تيقَّنت به وآمنت أن الله قادر على تحقيقه وهنا يرتقي الإنسان عند الله فيستيقن ويزداد إيمانًا فيطمئن القلب فيصبح بلا ريب أو شك لأن ليس في الله شك، أما الثقة فهي تعتمد على أدلة تُوضح أن هذا الأمر سيُحقق بناءً على ما يتضح من بيّنات ولكن بيكون دائمًا بنسبة حتى إن وصلت إلى 99% فهي بها نسبة شك لذلك الثقة قد يمتلكها المؤمن والكافر أما اليقين فهو لا يمتلكه إلا المؤمن القوي، فالله يقين لذلك عليك أن تعامله باليقين ليست الثقة لأن بها نسبة شك أفي الله شك؟ فمَن يصل لرتبة اليقين يكن مستجاب الدعوة، مطمئن بالله، ولا شك أن الوصول لهذه الدرجة يتطلب صبر جميل عظيم، وكلما ازداد إيمانًا

ازداد يقينًا وعندما يأتيه اليقين وهو الموت سيكون مُرتّب نفسه، لهذا اليقين بسبق يقينه باليوم الآخر فيكون من الذين تتوفاهم الملائكة طيبين، فيأتي يوم القيامة آمنًا لأن قد زال الخوف والحزن بمعرفته اليقينية بالله فأتت البُشرى في الدنيا والآخرة، أما مَن كان لديه شك فعندما تظهر له الحقائق وأوله الموت يُصاب بالذعر والخوف والرعب.

 أسماء محمد الكواملة

(3)

(مُخيّر - مُسيّر)

مُخيّر.. النفس لديها إرادة وهذه هي حرية الاختيار ثم يُحققها لها القلب تنفيذًا لإرادتها، فالقلب يُحرك كل أعضاء الإنسان بقدرة الله وهي الروح التى مِن أمر الله لذلك الإنسان له قدرة الاختيار فقط إنما القدرة على الله يُعطيها إيّاه في القلب لتنفيذ حريته، قد يأذن الله تلك القدرة وقد لا يأذن أمّا إذا فسد الاختيار وهي إرادة النفس مرض القلب فيطبع الله عليه فيزيده مرضًا.

مُسيّر.. أي النفس تريد فقط ولكن لا تقدر على فعل شيء إلّا بقدرة وإرادة الله لذلك يعطي الله القدرة للإنسان في القلب للتنفيذ، وأحيانًا يحول بين المرء وقلبه كاختبار للرضا بقضاء الله وقدره والصبر على الابتلاء، وهي أن تكون إرادة الله تسيطر على إرادته فيرى الله هل يرضى بإرادته أم يتسخّط، فإذا رضى بإرادة الله فاز فوزًا عظيمًا، وإذا لم يرضَ بإرادة الله خسر نفسه بل خسر الدنيا والآخرة.

فالاختيار دليل على مقارنة والمقارنة دليل على علم، والعلم ممَن أعطاك الاختيار، فالإنسان مُختار في السعي، أمّا كون الإنسان مُسيّر فهو مُجبر ليس مُختار فيما ليس له به علم، فأمر الروح بالله والعلم بها عند الله لذلك الإنسان لا يملك لنفسه موتًا ولا حياة ولا نشورًا، لذلك ليس له اختيار في هذه الأمور فهو مُخيّر فيما له به علم ومُسيّر فيما ليس له به علم، فهناك إرادة الله وهي منح القدرة والنبض للحركة، وهناك إرادة للإنسان وهي الاختيار أي النية أمّا تفعيل تلك النية فهي تستمد من قدرة الخالق، فالنفس إرادة الإنسان للاختيار والقلب والروح إرادة الله للتسيير، فالفرد يُريد ويختار

الاختيار والله يُريد ويختار التسيير، لكن الإنسان الذى يُريد الخير يفعله أو قد يُختَبر بمنعه، ومَن يُريد الشر يفعله أو يُختَبر بمنعه، لله شأنه فيبلوا الإنسان بالخير والشر فتنة أي اختبار ليرى أهل الخير من أهل الشر.

(4)

(إرادة الدنيا ـ إرادة الآخرة)

اختلفت الإرادة فاختلفت المعايير فاختلفت وجهات النظر والآراء، فاختلفت الشخصيات نسبيًا تبعًا للقوة الإيمانية ونسبة الإرادة فمنكم مَن يريد الدنيا ومنكم مَن يريد الآخرة، ومن حكمة وعدل الله جعل إرادة النفس تحتوي على شيئين متضادين وهما العجلة والصبر، فالنفس قادرة على التعجل للحصول على الشيء وقادرة على الاستغناء عنه عاجلًا بالصبر للحصول عليه آجلًا، فإذا مالت إلى العاجلة وهى إرادة تُخالف إرادة الله فتنال ثوابها في الدنيا العاجلة، وإذا مالت إلى الآخرة الآجلة بالصبر يوفيها الله أجرها بغير حساب وتنال رضا الله فقد أرادت ما يُريده الله بأنها جعلت إرادتها تابعة لإرادة الله فاختارت الآخرة فيُعطيها الله ثواب الدنيا والآخرة فتأخذ حسنات في الدنيا والآخرة، فالعاجلة هي إرادة الدنيا والآجلة إرادة الآخرة وكأن مَنح الله الإرادة للإنسان هي في ذاتها اختيارين وهو الذي يختار بينهما، إما اختيار هوى نفسه إما اختيار الله وحده لا شريك له، ولذلك جعل الله النار والعذاب لمَن يريد العاجلة حقًا وعدلًا منه وأيضًا جعل الجنة والرحمة لمَن يريد الآخرة، فمَن يميل عن الشهوات الفانية فقد مال ميلًا عظيمًا، فالنفس بطبيعتها تميل إما للشهوات الفانية العاجلة وإما للنعيم الباقي في الآخرة، ولا شك أن الله يُنعّم الصابرين في الحياة الدنيا والآخرة، فلذلك جعل الثواب والعقاب عدلًا منه، فحقّت كلمة العذاب على الكافرين الذين ستروا الآخرة بالدنيا وقالوا إن هي إلّا حياتنا الدنيا وما نحن بمبعوثين، وأيضًا حقّت كلمة الرحمة على أهل الإيمان الذين صبروا في الدنيا وعبدوا الله بالغيب وآمنوا بما ستر عنهم وعلموا أن هذه الحياة الدنيا ما هي إلّا متاع زائل سينكشف وتظهر

  ∞∞∞∞∞∞∞∞∞∞∞∞ أسماء محمد الكواملة ∞∞∞∞∞∞∞∞∞∞∞∞∞

كل الحقائق وأول حقيقة يقينية هي يقين الموت ثم يقين البعث والنشور والحساب يوم القيامة، فعلموا أن الدنيا هي الجسر الذى يمر فيه عابر السبيل للوصول إلى الآخرة ورؤية كل ما يريد الكافرون ستره وهو إنما هو إله واحد الذي خلق الموت والحياة ليبلوكم أيكم أحسن عملًا فإما جنة أو نار، فاليوم إما فوز عظيم أو خسران عظيم.

وليس شرطًا أن تكون البيئة صالحة لكي ينشأ بينهم إنسان صالح فانظر حال الأنبياء..

إرادة الدنيا وإرادة الآخرة..

فهناك كان سيدنا إبراهيم نبي وكان أباه كافرًا.

وكان سيدنا نوح نبي وكان ابنه كافرًا، وكان له أبناء صالحين، فهناك إخوة صالحين وقد تجد أخ غير صالح، أو العكس صحيح.

وكان سيدنا لوط وسيدنا نوح أنبياء ولكن كانت زوجاتهم كافرات.

كانت السيدة آسية امرأة ضرب الله بها مثلًا للذين آمنوا وكان زوجها فرعون كافرًا.

 أسماء محمد الكواملة

(5)

(الظاهر ـ الباطن)

الظاهر.. السلوكيات والتعبيرات العلنية أثناء التفاعل مع الآخرين، فلا مفر أن يظهر أمامنا هل هو قناع مزيف أم هذا وجه الحقيقة، فالنفس قادرة على التحكم في الظاهر وتستطيع تزييفه بما تشاء، وهناك مَن يمتلك الفراسة والفطنة والكياسة فهو قادر على قراءة التعبيرات الجسدية فيعرف هل هو صادق أم مخادع عن طريق لحن القول وتعبيرات الوجه والحركات التفاعلية ولا يستطيع فعل هذا إلّا أهل الفراسة والكشف فهو لديه شفافية لاستشفاف الآخرين.

الباطن.. هو السر الذي يخفى عن الناس لكن لا يخفى عن الله، وهو يبدأ من القلب فالله يطلع على القلب ويرى العمل إذا كان العمل خالصًا لله مصداقًا لنية القلب الصادقة فهذا هو الصادق، وإن كان عمل الجوارح ليس خالصًا بل مختلفًا عن نية القلب الغير سليمة فهذا هو المنافق الكاذب، فالنفس لا تستطيع التحكم في باطنها فإن كان الظاهر لها إرادتها، أما الباطن فهي إرادة الله عز وجل، فيجب على الفرد أن يكون مخلصًا في الباطن وصادقًا في الظاهر، فالصادق المخلص بعيدًا عن النفاق أو الرياء فهو يرجو الله يتساوى معه المادح والذام، فعندما يتفشّى النفاق والرياء وعدم الصدق والإخلاص يؤدي إلى فساد الناس وفساد المجتمع وستسود المشكلات الأسرية ومن ثمّ المشكلات الاجتماعية فيُفسد النظام المجتمعي ويتخلّف ويتأخر، وعند ذلك عليه أن ينتظر سخط الله وعقابه لتقصيره وتفريطه في الأمانة وهي النفس التى إن حافظ عليها تنصلح الأرض، وإن لم يحافظ عليها فسدت الأرض فعلى كل إنسان أن يُطبق أمر الله ونهيه في أرضه حتى لا يُفسد أرض

الله نتيجة عدم صلاح نفسه، فإذا أردت أن تعرف سمات شخصية إنسان فعليك أن تراقب عمله وقوله وتستدل من لحن القول على صدقه أو نفاقه، وهذه قدرة لا يقدر عليها إلا أصحاب القلوب السليمة التى ترى الحق حقًا والباطل باطلًا.

 أسماء محمد الكواملة

(6)

(التقوى - الفجور)

التقوى.. هي الوقاية من كل المهلكات والشرور وكل صور الضرر والأذى والفساد وهي وقاية الإنسان من مرض القلوب ووقايته من عذاب النار لأنه سليم القلب فلا يحتاج للعلاج بالتطهير من الذنوب، هي اتباع توجيهات الله ورسوله واجتناب النواهي، هي الوصول إلى طريق الرشاد عن طريق الإرشادات السليمة، فالجنة تزلف للمتقين قربًا، فالنفس التقية نفس سليمة مستقيمة سويّة لديها اكتمال في الإيمان فاكتمال في الخلق والتربية فاكتمال في تحقيق السلام الداخلي والخارجي مع النفس والآخرين، فهي نفس تساعد الآخرين ليكونوا بخير ويكونوا أسوياء، لا تحمل غلًّا أو حقدًا أو ضغينة أو حسدًا أو عداوة أو كراهية، سليمة القلب باتباع الوقاية وهي أوامر الله ونواهيه.

الفجور.. هو كافة الفساد والضرر والأذى هو الاعتداء على الآخرين وانتهاك الحرمات، وإرهاب الناس والمشاجرة معهم لكي يُلحق بهم الأذى والضرر، فالمُخاصم بالظلم لديه فجور وخروج وتجاوز الحدود، فكل نفس فاجرة لا يهدأ لها بال إلّا بإيذاء الآخرين وإلحاق الضرر بهم وتشويه صورتهم بل وكل ما تريده تلك النفس ما هو إلّا الدعوة إلى عبادة الطواغيت والشياطين وتحث على فعل المنكرات ومخالفة الاستقامة فما هي إلّا نفس مريضة ومِن ألمها وسوء خلقها أرادت أن تُذيق الناس مرارة وقبح فعلها رغبة في نشر مذهبها ظلمًا وعدوانًا حتى لا تشعر وحدها بالنقص فتزيد من نقصها عندما يُقلّدها الآخرون على الرغم أنه سيظل بها النقص في الإيمان مما يُولّد لديها نقص في التربية والأخلاق فيتحقق التكامل في الإيذاء للآخرين فلا تستعجب فإن الفجور في النار.

(7)

(الصبر - الشكر)

الصبر.. هو تعظيم الزمن وتسليم الأمر للدهر، للزمن الأبدي الزمن المطلق وهو الله الأول والآخر، فيكون الصابر متأملًا متفكرًا في الزمن فيكن الله مع الصابرين نظرًا لأنهم يُعظمونه ويتأملون فيكون شاغل ذهنهم وتفكيرهم، فالصبر هو وصية المؤمنين والمؤمنات، فهو سبيل الوصول إلى رضا الله، ويقولون أن الصبر له مرارة فهل تعلم لماذا؟ حيث أن الإنسان أغلى شيء عنده هو عمره فهو الحياة فكل إنسان يحب الحياة ويحب الاستزادة من خيراتها فعندما يعوق رغبته وإرادته شيء ويصعب الوصول لهذا الهدف فيظل ينتظر ذلك الشيء بلهفة فيُذيقه مرارة فقد اللحظات فحينها يأخذ الأجر أضعاف مضاعفة من غير حساب لأنه صبر فيُجازيه الله فوق ما يتمناه فالذي كان يُريده بقدر معين يحصل على أضعافه، إذن الصبر يأتي بالجبر حتى يُعطى ما يُرضيه ولذلك الصبر مفتاح الفرج فمَن يصبر وينتظر أتظن أن الكريم يتركك تقف على بابه وتريد منه شيئًا ولا يُعطيك إيّاه! لا لا فمهما وقفت وانتظرت فإنه حتمًا سيفتح لك بابه ويظل الباب مفتوحًا لن يُغلق وتظل داخل عطاء الله ولكن السير إلى عطاء الله بعد فتح الباب يتطلب وقتًا بالطاعة والعبادة والشكر إلى أن يصل للشكر والرضا فيكن أجاب دعوتك وأعطاك سؤلك ولكن بعد أن تذوق مرارة الصبر حتى تُدرك حلاوة الجبر، فالتعب والشقاء لا يدوم بل لا بد أن تأتى الراحة، لأن الحياة عبارة عن حركة أي كَدْ وسكون أي راحة، فانظر هناك نهار للتعب وليل للراحة، فالكون كله يسير على الحركة والسكون أما الإنسان هو قائد الأرض الخليفة في كل شيء في الأرض يتحرك لخدمته فكلّ مُسخَّر له أمرًا من الله، فالإنسان

لا يتحرك ويتعب بدرجة كبيرة وهذا تنعيم لهذا الإنسان، وكلما اقترب من الله سخّر له المعجزات فيزيده تنعيم في الدنيا والآخرة لذلك الصبر والتعب يؤدي إلى الفرج والراحة، وكلما صبرت نلْت أعظم ما تريد.

الشكر.. هو الحمد والثناء على الله عز وجل على نعمه الدائمة التي لا تُحصى ولا تُعد فيكون الشكر هو العبادة، والعبادة ترتبط وتحتاج الصبر فبالشكر يعظم الصبر، فالشكر صبر وليس كل صبر شكر، لذلك نقول العبادة صبر وشكر، فمَن يصبر شاكرًا يُوفّيه الله أجره بغير حساب، فإذا أردت سعة الرزق فاشكر الله فبالشكر تزيد النعم، والشكر هو العبادة والطاعة، الصبر هو تذكر الله في كل وقت، فمفتاح الفرج الصبر، ومفتاح الصبر الإيمان، ومفتاح الرزق الشكر، ومفتاح الشكر الرضا، فالإيمان والرضا صبر وشكر وكلاهما فرج ورزق، فمفاتيح الجنة الإيمان والرضا والصبر والشكر فتنفتح أبواب الجنان بالفرج والرزق الدائم فينال السعادة والرضوان، فنهاية الصبر الثواب والجزاء العظيم والأجر بغير حساب.

(٨)

(اللهو – الجد)

اللهو.. هو التسلية والانشغال بما هو غير مفيد وكأن هذه الدنيا لعبة دون أن يتيقن بأن هناك قواعد إسلامية وشريعة ومنهاج عليه اختبار وسيرى الله ورسوله والمؤمنون مَن سينال شهادة الفلاح والنجاح والفوز العظيم، ومَن سيخسر وينال الخسران المُبين فيخسر نفسه وعليها خسران كل نعيم فلا ينال حياة ولا موت بل هو العذاب جزاءً على استخفافه بآيات الله، ففي اللهو معصية وعدم التزام لأوامر الله ومَن يتعدّ حدود الله فقد حادّ الطريق ومال عن الصراط المستقيم فيقع في النار، فاللهو خسارة عظيمة لأنه عدم علم بالأولويات والجدّيات والضروريات فيخسر خسرانًا مبينًا بعدم جدّيته، ولا شك أن المجتمع حاليًا يضج بكافة صور اللهو فهناك الأغاني الضّالة المنحرفة التي تستنفذ طاقة الطفل العقلية وتشغل وقته بما لا يُفيد ولا يُغني شيء مما يجعله يلتفت عن مذاكرته، بل ويتعلم سلوكيات غير سويّة تقليدًا لهذه الفئة التي تدعو إلى اللهو على سبيل الترفيه، فعند ذلك ينشأ جيل لاهيًا ناسيًا ذكر الله والقرآن والعبادة وكأنهم يُروّجون لعبادة المال حبًا في الحياة الدنيا ورغم علمهم بأن هذا المال حرام إلّا أنهم يبحثون عنه بأساليب يُحرمها الله فلن يفرق معهم كون المال حرامًا فالوسيلة فاسدة والغاية أفسد، وهذا اللهو يُسمى ترفيه ولكنه في الحقيقة تأثيم وخروج عن السويّة مما يؤدي إلى مشاكل نفسية وتربوية واجتماعية وحينها نظل نبحث عن حلول لتلك المشاكل، فلماذا والوقاية خير من العلاج فإذا أتقن كل أب تربية أولاده جيدًا لن يحدث كل ذلك وراء المال أو وراء اللهو بحجة الترفيه لذلك الخطأ في التربية من جهة الأخلاق ومن المواعظ السلوكية فلا يوجد ضمير يؤنبه عن فعله فينسَ ذكر الله

ويبتعد عن الدين ثم نأتي ونبحث ونقول ما سبب إلحاد بعض المسلمين وإن كان السبب هو عدم تنشئة الطفل منذ الصغر تنشئة دينية على القيم والمبادئ فهمًا وتطبيقًا إيمانًا وتصديقًا.

الجد.. هو النظر لكل شيء بعين النضج والعقل بناءً على معايير ومقاييس وتعليمات وإرشادات الله وإتقان الأعمال والجد والاجتهاد، فكل اجتهاد عليه ثواب أجر عظيم، فالجدية التزام الأوامر فهي طاعة منضبطة، إذن الجدية في طاعة الله تُورث حب الله، فيورث النعيم الأبدي فإذا تواجد الجد والاجتهاد تواجد الإتقان والضمير وإدراك مراقبة الله عز وجل فيصل لدرجة الإحسان فتلك هي الجدية وهي الارتقاء والجد في الطاعة والقرب من الله فمَن ينظر لله بعين الجد والتعظيم فإن ذلك يدل على تقوى القلوب، فالجد في الطاعة يورث درجة رفيعة عند الله وفوز عظيم.

 ∘∘∘∘∘∘∘∘∘∘∘∘ ∘∘ أسماء محمد الكواملة ∘∘∘∘∘∘∘∘∘∘∘∘∘∘∘

(٩)

(الحياة ـ الموت)

الحياة.. هي البقاء وهي خاصة بالروح فهناك حياة في الدنيا وحياة في البرزخ بالروح وهي الحياة الباقية، فالحياة السويّة هي الحياة الحقيقية أمّا غير ذلك فهي ليست بحياة، فمَن يعش الحياة بنفخة الروح الطيبة من الله بالفطرة السليمة المهتدية، المنضبطة السلوك، الملتزمة بالقوانين المُعترفة بالمبادئ والعادات والتقاليد، فإن فقدت الدين لا تفقد العادات أو المبادئ، ففي فقد الدين بقاء للحياة بالقوانين بدون اعتراف بالدين فتسير الحياة أمّا إذا لم يُعترف بالقوانين والعادات والتقاليد فقدت الحياة وشاذ ذلك المجتمع لأن ستتبدل الفطرة مما يؤدي إلى اختلالات سلوكية فلذلك إذا وجدت أي سلوك شاذ عن الفطرة اعلم أنه نتيجة فقدان الدين والمبادئ والقوانين والعادات والتقاليد فقدان الاعتراف بسنن الكون الدائمة، فالفطرة حياة وبقاء وعدم الفطرة موت وفناء، لأن الفطرة السليمة حياة دائمة وتبدل الفطرة موت للحياة بلا حياة ولا موت.

الموت.. هو الفناء وهو خاص بالجسد، فهناك فناء للجسد تدريجيًا في الدنيا فيصبح حيّ يقترب من الموت، وفي البرزخ حيّ ميت، وهناك موت للقلوب والجسد على قيد الحياة، وهناك حياة للقلوب والجسد فان، فقلوب أهل الذكر تحيا بعد الموت فهي قلوب حيّة لا تموت أبدًا لأنها فطرة سليمة، أمّا القلوب الميتة والجسد حيّ فهي متبدلة مريضة غير سليمة فهي لا تفقه ولا تسمع ولا تعقل أضلّ من الأنعام كالجماد بل أقل من التراب الذي لا يساوي شيئًا فهو بلا روح.

الحياة الدائمة في الآخرة لأصحاب الجنة فهي الدار الحيوان للمؤمنين فهم لديهم روح وريحان فجسد حيّ وروح حيّة، وهو الإنسان الحيّ الباقي الخالد في الجنة، حياة باقية دائمة خالدة.

لا حياة ولا موت.. في الآخرة لأصحاب النار فهم لا يذوقون موتًا ولا حياة بل هو إنسان حيّ ميّت يتمنى قائلًا يا ليتني كنت ترابًا.

(10)

(النسيان – التذكر)

النسيان.. دليل على وجود الماضي، والحاضر دائمًا يتحول ويُصبح ماضيًا، مما يدل على أن هناك حياة فانية في الماضي ستنتهي والإنسان منه النسيان فإن كان لا ينسى لمَا كان لديه عمر يمر به ولمَا كان هناك ماضٍ ولا مستقبل بل كان سيظل حاضرًا ولما كان هناك حياة آخرة ولكونه إنسان خُلِق بعمر وزمن ولو ظلّ على قيد الحياة ثانية واحدة فهي عمر زمني أيضًا، فالأنسب لتلك الحياة الكونية المضبوطة بالزمن والقدر هو الإنسان الذى ينسى ويتذكر ويشغل مكانًا وزمنًا بحركة وسكون يقظة ونوم.

التذكر.. دليل على وجود المستقبل، والمستقبل دائمًا يتحول ويُصبح حاضرًا مما يدل على وجود بقاء في المستقبل سيُصبح حاضرًا فإذا كان الإنسان متذكرًا كل شيء بدون نسيان لما تذكر إلّا شيئًا واحدًا ولما كان هناك عمر زمني له ولما كان هناك مستقبل وماضٍ بل كان الأمر حاضرًا فقط مما لا يتفق مع الكون الذي يسير بزمن وعمر كوني، فالإنسان أيضًا لديه زمن ومكان بحركة وسكون متفقان مع قوانين الكون.

فإذا رمزنا إلى النسيان/ الحياة الدنيا

التذكر/ الحياة الآخرة

فمَن ينسَ الله في الدنيا/ ينساه الله في الآخرة

ومَن يتذكر الله في الدنيا/ يذكره الله في الآخرة

(11)

(الحق - الباطل)

الحق.. هو الحقيقة الكبرى التى لا يستطيع أن يُنكرها أحد ألا هو النور المُطلق ألا هو الله عزّ وجل، فهو النور الذي خلق لنا نور السماوات والأرض الذي ينتشر ويكشف كل الحقائق كما هي ففي النور ترى كل شيء، الحق من الله فلو اتبع الحق أهواء الناس لفسدت السماوات والأرض، فالله وحده هو الذي يعلم صنعته فهو الخبير الحق النور، والإنسان الذي يتبع الحق أشد حبًّا لله، فهو من حزب الله، الحزب المُفلح، فمَن يتبع الحق يعشْ في ظل الحقيقة وعالم اليقين بلا ريب أو ظنون بلا شك أو غموض أو ستر ولبس للحقائق.

الباطل.. هو الستر الذي لا يستطيع أحد أن ينكر أبدًا ما أخفاه من حقيقة لأن سرعان ما سيأتي النور ليكشف لنا الحقيقة مرة أخرى، ولا عجب أن ترى هناك الكثير يستر تلك الحقائق ظلمًا وجحدًا وكفرًا، فهو إنسان ضلّ الطريق وقد تغشاه الظلام فأصبح لا يرى إلّا ظلمات، فظنّ أن النور ظلمات فهو يُريد ستر كل الحقائق حبًّا لهوى النفس واتباعًا للشيطان فهو يرى في الظلمات سترًا له أي ابتعادًا عن مواجهة حقيقته فهو يعلم أن الحقيقة تكشف كذبه وافتراءه فيظل مستكبرًا معاندًا للحق فهو ندّ لله ومن حزب الشيطان الحزب الخاسر، فالباطل من صنع الإنسان الضال والشيطان فهم يريدون قلبًا للحقائق جهرًا بالمعصية وكرهًا وحسدًا لأهل الحق فكيف يؤمنون بالباطل؟ فهذا هو عالم التزييف عالم الظنون والشكوك فهو كالسراب لا تستطيع أن تراه فإذا رأيت شيئًا وذهبت إليه لم تجده فهو ليس موجودًا حقيقيًا بل مُزيف الوجود

  °°°°°°°°°°°°°° أسماء محمد الكواملة °°°°°°°°°°°°°°

والحقيقة، فعالم بلا حق كالسراب لا وجود له فهو عالم بلا ثوابت
يقينية بل زيف وريب.

(12)

(الاطمئنان - الخوف)

الاطمئنان.. هو السكون والسكينة والهدوء والاتزان هو الحياة السعيدة والسويّة، هذا الاطمئنان لا يُحققه إلّا أصحاب النفوس الطيبة، فمَن يتمتع بنفس مطمئنة فهو يمتلك الرضا عن نفسه ورضا الله عنه، وهو من عباد الله الحقيقين فالنفس المطمئنة مقرّها الجنة، فهي دار السعداء لا خوف ولا حزن بل الأمان من كل شر، فالقلب السليم يمتلك نفسًا سويّة والنفس المطمئنة تمتلك قلبًا مطمئنًا، فالقلب المطمئن هو القلب السليم والنفس المطمئنة هي النفس السوية، فلا حياة سويّة بدون أمان، فإذا شعرت بالأمان وعدم الخوف أو الحزن فقد نلت البُشرى في الدنيا قبل الآخرة فقال الله "يا أيتها النفس المطمئنة ارجعي إلى ربك راضية مرضية فادخلى في عبادي وادخلي جنتى" فالنفس المطمئنة هي النفس الطيبة ذو الرائحة الذكية، فقد تخلصت من كل الآفات الخلقية فصفتْ كما صفى القلب وسلم من فساد النية، فسويّة النفس واستقامت واهتدت بنور الله الذي قُذِف في القلب السليم البصير.

الخوف.. هو الرهبة وعدم الثقة وهو غير مطلوب لأنه يدل على عدم الإيمان، فلو اجتمع أهل الأرض على أن يضروك بشيء لن يضروك بشيء إلّا بشيء قد كتبه الله عليك، إذن الخوف يناقض الإيمان فلا يصح أن تخاف من مخلوق بل تخاف الله فيه، فإن آذاك ولم تستطع أخذ حقك فأعلم أن الله سيأخذ لك حقك بدون جهد منك، فمَن يتوكل على الله فهو حسبه أي يجعله لا يهاب ولا يخاف مخلوقًا، لأن مَن يؤمن بالله حق الإيمان فهو في قمة الأمان لا خوف ولا حزن، فالخوف عدم ثقة مما يدل على أن الجدارة قليلة فلذلك ليس بثابت الأقدام فلذلك الخوف في النار أما الاطمئنان في الجنة،

أما مَن يخاف الله فهو في أمان واطمئنان، لذلك نقول الخوف من غير الله هو الخوف المرضي لأن في ذلك رهبة من المجتمع ومن الحياة فكأن الخائف يخاف من الحياة وكأنه يطلب الموت وحينها نجده أيضًا يخاف الموت، لذلك الخوف المرضى وهو الخوف من غير الله يؤدي إلى خسارة الدنيا والدين، فعليك بالخوف من الله وحده تنال الاطمئنان والأمان والسلام في الدنيا والآخرة.

(13)

(التقلب - الثبات)

التقلب.. هو التغير والتحول والتذبذب وعدم الاستقرار مما يدل على التردد وصعوبة في اتخاذ القرار السليم فالتردد يُفسد القرار، وهذا التقلب إما انقلاب الخير إلى شر أو العكس، فيأتي التقلب عندما يُصاب بمشكلة فإنه قد ينقلب على عقبيه فيخسر الدنيا والآخرة، وهذا الشخص المتقلب لديه حيرة بين الطاعة والمعصية، إن أصابه خير اطمأن به وإن أصابته فتنة انقلب، فهو يعبد الله على شفا جرف إن أراد مصلحة عَبَدَ الله واتّقاه وأطاعه، وإذا انتهت المصلحة انقلب إلى الغفلة والمعصية وتجرأ وكأنه لا يخشَ الله، بل ونسى ما كان يدعو به بالأمس وهذا هو الإنسان البخيل الذي يريد أن يأخذ فقط دون أن يُعطي، رغم أن كل العطاء من الله ولكن أعطاه إيّاه فيرى هل سيُحسن كما أحسن الله إليه فيعبد الله كأنه يراه وإن لم يكن يراه فالله يراه أم سيتمرد على الطاعة عدوانًا وجحدًا وكفرًا، فالقلب دائم التقلب، فالتقلب دليل الحركة، والحركة دليل التغيير، والتغيير دليل تباين الأمور واختلافها، فالقلب يستقبل كل مُثير ثم يقلب ويُلقيه في الأرشيف ثم يستقبل مُثيرًا آخر وهكذا ثم يتقلب، أما القلب الثابت على الإيمان هو القلب الذي كلما تعرض لمُثير في ظل الإيمان ثبت عليه، وإن تعرض لمُثير مخالف للإيمان لا يستقبله، فإذا كان مثيرًا بصريًا مُخالف للإيمان غضّ بصره، وإن كان مثيرًا سمعيًا ترك المكان، وإن كان مثيرًا لفظيًا لم يتلفظ به لا يؤذي أحدًا بلسانه، وبذلك قد ثبت القلب على الإيمان، أما تقلبه الدائم والحركة الدائمة لكل مثير يُناقض الدين يرفضه ويقلبه ولا يثبت عليه، لذلك الدعاء اللهم ثبت قلوبنا على الإيمان وزدنا مع الإيمان إيمانًا، أما تقلب القلب بيد الله لأنه مَن يمنحه الحركة أي

  ∞∞ ⊙⊙⊙⊙⊙⊙⊙⊙⊙⊙ ⊙⊙ أسماء محمد الكواملة ∞∞ ⊙⊙⊙⊙⊙⊙⊙⊙⊙⊙⊙⊙⊙ ∞∞

النبض، فالحركة دليل التغيير والتغيير دليل مرور الزمن والعمر، والله بيده حياة الإنسان وموته أي عمر الإنسان عبارة عن نبضات ودقات القلب أي حركته، أو قد يحول بينه اختبار لصبره ليرى هل سيُحسن عمله أم لا.

الثبات.. هو القدم الثابتة التي لا تتزحزح أبدًا فهي عدم الخوف، هو الاستقامة، هو عدم التردد بل الثقة في الله يرزقه الله إيّاه للمؤمن ثباتًا في القول في الدنيا والآخرة، وهذا الشخص الثابت هو الشخص السويّ، علم الحق واتبعه ولم يحيد عنه، لم يتذبذب، لم يتحير، الاستقامة لا تتعارض أبدًا مع العقل الذي يرى الحق حقًّا، لذلك الإرادة السويّة تبعث ثباتًا في القلب وفي العقل، وهذا خاص بأهل السكينة الذين يمتازون بالهدوء والرزانة والوقار، يقولون ويلتزمون القول السديد فمَن يتقي الله ويقول القول السديد يُصلح الله له أعماله ويغفر له ذنوبه، ومِن ثمّ الثبات من الله، فالله هو الذي يُعطي الثبات على الحق دون خوف فالإنسان يعلم أن الله معه، ومَن كان الله معه فمَن عليه، ومَن كان عليه الله فمَن معه، فالثبات هو اليقين في الله ومَن يُحسن الظن بالله فإن الله سيُعطيه على قدر حسن ظنه، فاليقين رتبة راقية مَن يصل إليها فقد وصل إلى الثبات الذي هو سبب الفوز في الدنيا والآخرة، فالقول الطيب والعمل الصالح يُرفع إلى الله، ولا شك أن الإنسان الطيب يُبشّره الله في الدنيا والآخرة فيثبت على الحق المُبين ويعلم أنه على الهدى والحق فيخبت قلبه ويهدأ ويطمئن ويسكن ويزداد هدى فيصبح قلبًا سليمًا نورانيًا.

(14)

(السجيّة - التصنع)

السجية.. هي الفطرة هي الطبيعة هي السويّة، فإذا اتبعت الهدى نالت السلام والاطمئنان، فيكن الجزاء من الله زيادة الهدى وهو التثبيت ونيل السعادة والرضا والرضوان، وهذه هي الشخصية الصالحة التي على الصراط المستقيم التي تلتزم بشرع الله ومنهاجه، فيشع منها الخير والمبادئ القيّمة والأخلاق السويّة، والسجيّة هي المطبوع وليس التطبع فهي تدل على أصالة الشخص، فالشخص الأصيل شخص بناء ثابت المبادئ والقيم والأخلاق فهي منسوخة داخله جزء من سلوكياته الطبيعية التلقائية فتلك هي السجية فهي بلا تصنع أو رياء بل طبع سليم.

التصنع.. هو التكلف هو مخالفة الباطن هو التظاهر المناقض للحقيقة هو التمثيل هو الحياة الغير سويّة فهو سبيل الضلال المؤدي إلى صراع واضطرابات وعدم الاطمئنان، هو الخروج عن الطبيعة فيسود في تلك الشخصية الفساد الأخلاقي والانحرافات السلوكية، فالتصنع من نظرة الدين هو النفاق وعدم الصدق هو التزييف هو الخداع، فكأنه صنع لنفسه طبع فيُسمى متطبع فيرسم لنفسه أشياءً ظاهرية تُناقض حقيقته ولا يُدركها إلّا أصحاب الألباب السليمة من نظرة القلب البصير من تحليل الأقوال والأفعال السلوكية بالإضافة لسمة الشخص فهو دليل على حقيقة النفس الداخلية وكأنه كاشف لحقيقة الخفاء، فمنظر الإنسان الظاهري يصفه في الباطن، فالطبع المطبوع يغلب الطبع المُتطبع لذلك هناك فرق بين الطيبة الصادقة والخبث، فالطيبة سجية عليها يكون صدق الشخص وسجيّته، والخبث عليه يكون رياء الشخص وتصنعه، فشتان بين الصادق

المخلص ظاهريًا وباطنيًا، وبين المُخادع الماكر ظاهريًا مخالفًا
باطنيًا.

(١٥)

(البصيرة ـ العمى)

البصيرة.. هي الرؤية بعين القلب هي الرؤية المختلفة الغير مألوفة فهي ترى ما لا يراه الناظرون بأعينهم أي تخرج من المحدود إلى ماشاء الله لِيُلهم صاحبها من فيضه، فهي النور الذي يُشع من القلب ويخترق الجسد هادفًا لب الشيء مرتدًا إلى القلب فينشط الفهم وهي جانب الفراسة، فهي تُبصر ما لا يبصره الإنسان العادي وهذا لا يأتي من فراغ بل من حفظ نور البصر من كل شيء يمتصه بالذنوب والمعاصي فيزيد نور البصر نظرًا لحدة النور الذي يُشع من نقاء القلب نظرًا لأن البصر مُعافي وهو كاميرا دخول الأشياء المعينة المحددة إلى داخل القلب والعقل ليتم فرزها فإذا كان نور العين حادًا محفوظًا وصلت الصورة إلى القلب فتفرّسها القلب ورأى ما خفى عن العين فيخترق كل الحواجز ويرى ما ليس يُرى بالعين.

العمى.. المراد به عمى البصيرة، فالقلب إذا بَعُد عن السوية أظلم وأصبح كتلة سوداء بلا نور فيحل العمى والظلمات، وهذا العمى القلبي هو المرض القلبي وهو القلب الغير سليم، فكم من بصير ولا يرى النور الحقيقي فربما يراه بعينه لكن عين القلب عمياء لا ترى وهذا هو عدم الفهم، وطبع الله على القلب والختم عليه بعدم الفقه فيكن أضل من الحيوان، فالعمى يجعل الإنسان مثل الجماد فهي لا تعمي الأبصار ولكن تعمي القلوب التى في الصدور فإن عميت لا ترى ولو كان كل شيء نورًا فهذا يؤكد أن الرؤية الحقيقية هي الرؤية بالقلب ليس العين وحدها، فإن كان القلب بصيرًا قويتْ فراسة العين ورأت ما خفى عن الآخرين أن يروه أي كشفت التزييف وعلمت الحقيقة، واستطاعت معرفة الصدق من الكذب،

وإن تعرض صاحب القلب البصير لخطر فاعلم أن الله يُنفذه بحفظه فالقلب يشعر ويحس أكثر من العين المحسوسة، فقد يعلم شيئًا ويُخفيه عن النفس حتى لا يصل للعقل فيظهر على الجوارح، فالفراسة لا يمتلكها إلّا أصحاب القلوب المُنيرة التي تخضع لها النفس أي إرادتها خاضعة لقرار القلب ثم يصل الأمر للعقل، فإذا أخفى القلب عن النفس شيئًا ما بناءً على الاستشعار القلبي فاعلم أن هذه هي الفراسة التي تحفظ الإنسان من الخطر وتكشف له حقيقة الآخرين لذلك يقول رسول الله صلّى الله عليه وسلم اتقوا فراسة المؤمن فإنه يرى بنور الله، فنور الله لا يُطفأ أبدًا فيرى أدق شيء لا يُمكن أن يُرى.

 أسماء محمد الكواملة

(١٦)

(الخير - الشر)

الخير.. هو الأمر الجبلي الذي فُطِر عليه بني آدم فهو ينبع من النفس الطيبة الذكية كأن يكون عملًا في سبيل الله يُفيد صاحبه والآخرون، فالخير كل الخير في اتباع شرع الله ففيه فوز في الدنيا والآخرة، والخير يتمثل في القول والفعل كل قول طيب يدعو إلى فضيلة أو نُصحًا للخير وكل عمل يُفيدنا جميعًا كخير وبركات من الله، فمَن يعمل مثقال ذرة خيرًا له، فالخير يكمن في السلام والإسلام والاستسلام والخضوع لله وعدم إيذاء الآخرين فأهل الخير هم أهل السلام والحب فلا إيذاء باللسان أو البطش بالقوة أو التسلط النفسي الذي يُسبب أذى للآخر.

الشر.. هو بما كسبت أيدي الإنسان وهو كل قول وفعل يؤدي إلى فساد كأن يكون فسادًا خلقيًا أو إفساد الأرض في البر والبحر كالخراب والدمار والحرب وتلوث الهواء والماء والطعام فيمرض الإنسان وتفسد أرض الله، وإذا اتبع الإنسان الشر في الدنيا فجزاءه يكون إلحاق الشر به وهي نار الله المُوقدة التى تطلع على الأفئدة، فمَن يعمل مثقال ذرة شرًا له، فالشر بمعناه المجمل يكمن في أذى الآخرين سواء نفسيًا أو جسديًا، فأهل الشر لغتهم دائمًا الكراهية والحقد والعداوة والحرب والشجار، فالشر وليد الطمع والجشع وأنانية النفس وتعلّقها بشهوات الدنيا والأموال والفتن الدنيوية التي يبحث الإنسان عنها ويسعى وراءها بأي طريقة حتى ولو كانت طريقة غير مشروعة فهي طرق الشر التي يسلكها مَن يمتلك نفوس شر لا تريد خيرًا للناس بل تُريد الخير لها وحدها فإن وصلت لتلك الإرادة فحينها اعلم أنها نفس شر وشتان بين أهل الخير فهم أهل الله وأهل الجنّة وأهل الشر هم أهل الشيطان وأهل النار.

 ०००००००००००० ००००००००० أسماء محمد الكواملة ००० ०००००

(١٧)

(الحب ـ الكره)

الحب.. حب الله هو أرقى وأسمى حب، فهو الحب الدائم الباقي الذي لا ينتهي أو يفنى، فهو الحب الصادق الذي يضفي سعادة ولين ورحمة في القلوب فمَن يحب الله ويحب كل إنسان لله يسود بينهما التآلف والود والتفاهم والتعارف القلبي، هو الشعور الذي لا يكذب أبدًا إرادة من النفس والقبول القلبي معًا وهو قرب وانجذاب في الإحساس كأن يكونوا نفس واحدة في جسدين شعور واحد وعلى ذلك يكون هناك توافق قلبي وعلى ذلك توافق في كل شيء، فنستطيع أن نقول أن الحب تعارف روحي وقلبي ثم بعد ذلك يحدث تعارف عقلي لفهم سبب الحب ومعرفة سبب التجاذب والقرب فيفهم صفات الشخص التى جذبته له ولا يحدث تجاذب حب بين طرفين إلّا إذا كانا يتمتعان بالصدق، فلا يُحب إلّا الصادقون فإذا أحببت شخص بصدق سيُحبك الآخر نظرًا لتعارف الروح وهو الحب البعيد عن الهوى والشهوة بل الحب الصادق الذي منبعه الروح السامية، فإذا ساد في المجتمع الحب ساد التفاهم العقلي فأصبحوا مثل الجسد الواحد يشعرون ببعضهم كأنهم قلب واحد، فتُحل كل المشكلات والخلافات والصراعات فإذا وجدت شخصًا محبوبًا موضوعًا له القبول في الأرض فاعلم أن الله يُحبه فإذا أحب الله عبده أعطاه مزايا وفضّله على الآخرين فيُصبح عبدًا ربّانيًا يسير وكأنه مُسيّر بالله كالملك فالملائكة يفعلون ما يؤمرون وعندما يصل ذاك العبد إلى رتبة الربانية فهو قد أصبح وكأنه يتحرك بأمر الله وإرادة الله ليس إرادته فيكن مثل الملك يفعل ما يُؤمر، فالشخص الذي يوضع له القبول في الأرض يحفظه الله بحفظه من شر الناس بعنايته وييسر كل الأمور لصالحه ويُسخر له الكون عبدًا لخدمته،

فلا يتمكن مخلوق من أذيته لأن لا يستطيع القرب منه شر فكأنه يرتدي واقيًا يحميه من شر الناس فعندما تنظر في سمته تُدرك أن الله يُحبه وأن الله معه فيحدث أنك تهابه وكأنه أقوى إنسانًا في الدنيا، فالحب سبيل السعادة وعدم الخلافات والشقاق، فالتفاهم ينبع من قلب صادق لا يعرف الكره إلّا لأعداء الله فيكرههم لحب الله فكأن كرههم حب لأنهم في الحقيقة عندما يفعلون هذه المنكرات فإنهم يكرهون أنفسهم فإذا كرهتهم مثل ما يكرهون أنفسهم فأنت مُحب لهم أي للفطرة التي هم يُحبونها تلك الفطرة السليمة التابعة لأمر الله المحبة لكل خير، فإذا كانوا يحبون أنفسهم حقًا ما باعوها بتلك الدنيا الرخيصة قليلة الزاد والمتاع لكانوا حافظوا على أنفسهم من عذاب النار الذي كان غرامًا للمذنبين فذلك كره للنفس فهم يسعون لتعذيبها فالأولى عدم ظلمها بدخولها النار فإن الإنسان ظلومًا جهولًا عندما يكره نفسه ويظن بجهله المتعمد أنه يحبها ولكنه في الحقيقة يكرهها كرهًا شديدًا فيكن ظالمًا لنفسه، وبهذا يفشل في حمل الأمانة وتفسد رسالته وخلافته فيفسد في الأرض، لذلك علاج الفساد ليعم الإصلاح هو الحب الصادق النابع من الروح الطيبة المخلصة الصادقة الصافية الذكية الرائحة ذو النفخة الطيبة من روح الله.

الكره.. وهو خاص بأهل الفساد وهم حزب الشيطان الذين يبتعدون عن منهج الله ويتنافرون مع أوامره وينجذبون لنواهيه، أما الكره الذي يسود بين البشر فهو نتيجة لحقد وحسد وأساس تواجد الكره هو الكبر من ذاك الإنسان أو تكبر الآخر على المتواضع فيحدث أن يكرهه، فالحب تنافر بين الأشخاص نفسي وقلبي مما يُحدث عدم اتفاق فكري، وحدوث فجوات بسبب التباعد وإذا ابتعد الإنسان عن الله عاش في ضنك وضيق ولقى التثبيط من الله له وإحباط عمله ويكون تلقيه من الشيطان زخرف القول غرورًا، والكره سبيل الشقاق والخلاف وهو ينبع من نفس ضالة وقلب مريض مما يؤدي إلى تناكر قلبي وروحي فيحدث اختلاف في

 أسماء محمد الكواملة

التفكر العقلي فلا يحدث اتفاق في الفكر فيزول التوافق بينهم فتسود الخلافات والصراعات وعدم القبول بينهم وبين بعضهم وإذا ساد فإنه يكون من أجل مصالح الدنيا التي ستكون سبب فسادهم وفساد الأرض دون أن يشعروا فلذلك الكره سبيل الشقاء والفساد.

(١٨)

(الجمال - القناع)

الجمال.. مشتق كله من اللون الأبيض الشفاف بالنسبة للماديات، فكل الألوان الطبيعية مُحللة من هذا اللون، أما بالنسبة للبشر ليس اللون الظاهر للجسد لا مطلقًا بل القلب الأبيض يحوي كل الجمال الذي يجعل الجسد يشع نورًا حتى وإن كان أسود اللون، ويجعل النفس ذكية طيبة، الجمال الحقيقي هو جمال القلب الذي يؤدي إلى جمال اللسان بالكلام وجمال العقل بالفكر وجمال النفس بالاستقامة وجمال الجوارح بالسلوك الإيجابي أمّا جمال الخلقة فقد خلقنا الله في أحسن تقويم وعندما ينصلح القلب تنصلح الذات كاملة فيصبح الإنسان سويّ الخلقة والخلق، ويكمن الجمال في النور فالله هو نور السماوات والأرض فهو النور الخالص، فعندما يصل الإنسان لرتبة النوراني فقد وصل للطهر الروحي وساد في وجهه النور والجمال، فجمال الوجه بالنور الناتج عن عبادة الله وطاعته.

القناع.. هو أن تزيّف شكل القبيح بشكل جميل، أو تزييف وتشويه الجميل بالقبيح عن طريق إخفاء الجوهر، فهذا هو النفاق والحقد فهناك مخالفة الظاهر للباطن، والقناع هو العامل الأساسي في إفساد المجتمع، فارتداء الأقنعة يجعل الحق يلتبس بالباطل أو الباطل يلتبس بالحق فحينها لا يستطيع الإنسان أن يعرف الكاذب والصادق، فأكبر تزييف للحقائق هو ستر حقيقة الإيمان بالله إذن أكبر قناع يرتديه الإنسان الغير سويّ هو الكفر، وهذا الكفر هو أساس كل المعاصي لأنه ستر وتزييف للجمال الحقيقي، وهناك إنسان يرتدي زيّ الإيمان كقناع وفي الحقيقة هو ليس بمؤمن، ولا شك أن القناع يخدع الآخرين بالمكر فهو النفاق والرياء، ومن سبل القناع هو التظاهر بالقول الطيب وهو يضمر داخله نيّة سيّئة تدل

على الكره والعداوة، فالقناع ليس جمالًا لأنه يدل على تزييف القلب وتزييف اللسان وتزييف العقل وتزييف النفس، وعلى ذلك يكره الإنسان ولو كان فى معيار جمال البشر فتراه قبيحًا لأنه أصبح إنسانًا مزيفًا، فيُصبح سويّ الخلقة مزيف الخلق، ولا شك أنك قد تجد إنسانًا أسود اللون ويشع منه النور فيصبح سويّ الخلقة والخلق وهذا هو الإنسان ذو الجمال الحقيقى ليس بمرتدي القناع المزيف بخلاف الأبيض غير سويّ الخلق، فهناك فرق كبير بين المسلم المؤمن الحق والمسلم المؤمن المزيف.

(١٩)

(الصدق - الكذب)

الصدق.. سمة النفس السويّة بل هو مُقوّمها الأساسي فهو دليل الفطرة السليمة المصبوغة بالحق، فهو مطابقة القول للفعل وعدم التظاهر بالإيجابيات لإخفاء وإبطان السلبيات، فالصدق يؤدي إلى البر، والبر إلى الجنة، فرتبة الصديقية مع النبيين والشهداء والصالحين فما أعظم هذا الفوز! فالصدق صفة النقاء والصفاء وهم أولياء الله فهو الحق وما دونه باطل، فالصادقون قد صدقوا الله ورسوله، فقد قال الله تعالى "من المؤمنين رجال صدقوا ما عاهدوا الله عليه فمنهم مَن قضى نحبه ومنهم مَن ينتظر وما بدلوا تبديلًا" هذا هو الصدق الوفاء بالعهد والاعتصام بالله وعدم الانفصام عن العروة الوثقى وهي الإيمان بالله، والصدق هو عدم تبديل العهد مهما تغيّر الواقع، بل وإذا كانوا يشبهون مَن يمسك على جمرة فهم مستمسكون بالعهد رغم صعوبته وفاءً بعهدهم مع الله وحبًا وطاعة له.

الكذب.. هو مخالفة أمر الله ونهيه ومخالفة القول للفعل وهو من علامات النفاق فصاحبه ذو شخصية متناقضة مضطربة، الكذب هو إنكار الحقيقة، فالمنافق والكافر والملحد كلهم كاذبون وهم أولياء الشيطان زعيم القول الباطل، فالكذب يؤدّي إلى الفجور، والفجور في النار، فلو صدقوا لكان خيرًا لهم، فالكاذب ضال مُضلْ، ضال لأنه يقلب الحقيقة رأسًا على عقب، فيُضل الآخرين بالمكر والخداع ويستخدم سبل الإيذاء بالكلام مما يُسبب ضيق الصدر للصادق، فهذا هو الفاسق المُدّعي الإسلام فكيف والمسلم الصادق هو مَن سلم المسلمون من لسانه ويده!! فإيذاء اللسان أشد من اليد، فإيذاء الكلام دليل على مرض النفس بالحقد والحسد والبغضاء والعداوة

والكراهية والغل والظلم والفساد، فلذلك اللسان الصادق لا يقول إلّا الكلمة الطيبة فهي كالشجرة الطيبة فرعها في السماء، والإنسان الكاذب لا يقول إلّا الكلمة الخبيثة فهي كالشجرة الخبيثة تجتثُ من فوق الأرض ما لها من قرار، فالكلم الطيب يصعد، والكلم الخبيث يجتث لأن ليس له ثواب دائم مقارنة بالكلم الطيب، فالكلم الخبيث مُشبّه بشجرة تُقتَلع لأنه لا يُثمر بل يُسبب الأذى والضرر، فالصدق نجاة والكذب هلاك.

(٢٠)

(السعادة ـ الشقاء)

السعادة.. هي الحياة السويّة المُستمدة من التزام أمر الله ونهيه فهي سر الاطمئنان في الدنيا والآخرة، فالنفس المطمئنة لديها رضا وإرضاء من الله ورضوانًا بدخول الجنة التي أعدّها الله لعباده الحقيقين عباد الرحمن، فالجنة دار السعداء والسعيد هو الذي يرضى بأمر الله ويبتعد عن نهيه ويرضى بقضاء الله وقدره وبما قسمه الله له فيرزقه الله تلك السعادة جزاءً على رضاه بما أراد الله فيُريح قلبه وجسده، فالسعادة هي الحياة الحقّة فتتحقق السعادة عندما تتوكل على الله حق التوكل فتُدرك أن الله لن يُضيّعك، فذاك شأن المؤمن الصادق يتبع شرع الله إيمانًا وتطبيقًا، فينصلح باله ويرتاح فلا يحمل همًّا أو غمًّا وإن أتاه الهم أسرع بالشكوى إلى الله والتضرع إليه مع الصبر، عندها سيُدرك سعادته التي هي الرضا بما قسمه الله له والقناعة بعطاء الله فيسعد بما يمتلكه رضًا وقبولًا لأن الله مُقسم الأرزاق ويعلم ما ينفع للمرء أو يضره فلن يُكلّف نفس إلّا وسعها، أما إذا اعترض الإنسان على أمر الله وتضجّر فإنه حتمًا سينال الشقاء ولا شك أن إيذاء الآخرين بالكلام يُسبب ضيقًا وحزنًا، فعليك أن تذكر الله دائمًا وتُسبّحه كثيرًا وتكون من الساجدين حتى يزول ذلك الضيق، فهذه طبيعة المؤمن الصادق لا بد وأن يُحاط بالحاقدين والحاسدين الذين يسببون له الإيذاء النفسي حسدًا وكبرًا وغلًّا وطمعًا فيما أعطاه الله إيّاه حبًا في أن يزول.

الشقاء.. شخص كأنه ميت فهو يعيش حياة غير سويّة، فالشقاء ضيق وحزن نتيجة عدم الرضا فيشقى جسديًا وقلبيًّا، والنار دار الشقاء ففيها قمة العذاب والإهانة ومن سمات الأشقياء الذعر والهول والخوف وفقدان الأمان، فالشقاء الذي يأتي نتيجة عدم

   ᴏᴏ ᴏᴏᴏᴏᴏᴏᴏᴏᴏᴏ ᴏᴏ   أسماء محمد الكواملة   ᴏᴏ ᴏᴏᴏᴏᴏᴏᴏᴏᴏ ᴏᴏᴏᴏ ᴏᴏ

الإيمان بالله حق الإيمان فإنه يُورّث شقاءً وعدم راحة واطمئنانًا أبديًا، فالشخص الشقيّ يتجنب ذكر الله فهو سيصلى النار الكبرى فهو لا يموت فيها ولا يحيا، فالبعد عن ذكر الله شقاء وجفاء وضنك وضيق في الصدر، فكم مِن أُناس يمتلكون كل متطلبات الحياة من مال وجاه وسلطان وصحة ورفاهية فارهة ولكنهم أشقياء لا يذوقون السعادة أتعلم لماذا لأن السعادة الحقيقية تكمن في راحة واطمئنان البال والشعور برضا الله عليه فهو مستقيم لا خوف عليه ولا حَزن فينال الأمان في الدنيا والآخرة ولو كان فقيرًا فإن الله يُغنيه بقناعته ورضاه، وهذه بشرى المؤمن من الله عزّ وجل تثبيتًا له على استقامته ليزيده هدى فيثبته بالقول الثابت في الحياة الدنيا والآخرة فيعش لا يخاف بخسًا ولا رهقًا فهو دائمًا يسير في معيّة ورعاية الله في حصنه المنيع فلا يقترب منه إنس أو جان لِيُضرّه لأن الله يحفظه، فالمؤمن محفوظ بحفظ الله والأنبياء معصومون بعصمة الله، تلك الرتب هي رتب أولياء الله فهم لا خوف عليهم ولا هم يحزنون.

 أسماء محمد الكواملة

(٢١)

(الطاعة - المعصية)

الطاعة.. هي الخضوع للخالق ولكنها بالنسبة للإنسان اختيار لا إجبار فهو مُكرّم على كل المخلوقات، فالسماوات والأرض والجبال يعبدون الله طوعًا بدون اختيار، أمّا الإنسان فهو القائد الخليفة المُكرّم على كل هذه المخلوقات، ولكن هذا الإنسان حمل الرسالة ثم لم يتأنّى ليعرف ما هي تلك المسئولية ولكنه أسرع وراء الشهوات وتعجّل الخير في الدنيا فكان جاهلًا بهذه الرسالة فظلم نفسه بالتعجل وراء الشهوات والملذات فعرّض نفسه للعذاب الأبدي وهذا أشد ظلمًا للنفس، فالطاعة تعني التسخير فكل ما في الكون مُسخرًا لخدمته أمّا الإنسان فقد خُلِق ليُسخر نفسه لعبادة الله، فهو حر في إرادته فقد تجد إنسانًا يُسخّر نفسه لطاعة الله وحده، وآخر يُسخّر نفسه لطاعة هواه، ولكن السويّة تكمن في طاعة الله عزّ وجل فيشعر بإنسانيّته حقّ الإنسانية وتكريمه حق التكريم، فطاعة الله عزّة وكرامة فيسير بين الناس ذو هيبة واحترام وتقدير، فالذي يُطيع الله حبًّا فإن الله يُعطيه ما يُريد، فلا تجعل هواك شريكًا لله، فمَن يعبد الله حقّ العبادة لا يُطيع غيره، وإن عبد هواه فقد اتبع الشيطان وصار من المطرودين من رحمة الله باللعنة، فهناك فرق كبير بين الرحيم والرجيم، فالله هو الرحيم، والشيطان هو الرجيم المطرود من الرحمة، مَن يتبعه يكن أخ له.

المعصية.. هي رفض الطاعة وتعني استعصاء الإنسان عن أمر الله فيشتد العصيان فيُصبح كائنًا جمادًا كأنه فقد حرية الاختيار فأصبح طائعًا لهواه فيفسد لتغيّر فطرته لأنه خُلِق مختار ولكنه أصبح مُجبرًا على طاعة هواه فهذا خروج عن الفطرة، وعلى ذلك سيأتي الإنسان يوم القيامة يقول يا ليتني كنت ترابًا حتى لا يكون

له اختيار فهو كان في الدنيا مثل التراب الجماد في عدم الاختيار وعلى ذلك فسدت نفسه فكان حقًّا عليه العقاب، فكان لا بد أن يكون الإنسان مُستعصيًا مثل العصا عن الحركة في ارتكاب الذنب تحريكًا بالجوارح، فكأن الله يقول لنا لا حركة لمعصية وكل الحركة للطاعة، فمَن لا يؤدي الصلاة فهو يعصي أمر الله بعدم أداءها بالحركة وكذلك كل العبادات انظر فريضة الحج فهي عبارة عن طواف أي حركة ترمز للطاعة، والصيام هو وقف الأعضاء الجسدية عن الطاعة النفسية للوظائف الجسدية، فتنشغل بالعبادة والحركة في طاعة الله، فيكن جَاهَد احتياج نفسه وجسده بطاعة واختيار الله.

(٢٢)

(الأمانة ــ الخيانة)

الأمانة.. هي من الأمان فمَن يؤتمن على الأمانة ويُحافظ عليها من أجل الآخر فهو مؤمن والأمانة دليل حب الآخر، فهي متن الرسالة فما خُلِق الإنسان إلّا لحمل الأمانة التي أعطاها الله له باختياره وهي الخلافة، فمَن يُحقق تلك الرسالة ويحافظ على تلك الأمانة وهي العبادة والتعمير فهذا دليل على حب الله فيكون من أهل الله وخاصته فقد حافظ على أمانة الله فهو آهل للقرب من الله ولثواب الله وهو رضا الله ونيلُ الأمان والفوز بمجاورة الله في جنة عالية، فالنفس هي الأمانة وزوال الدنيا أهون عند الله من قتل نفس بغير حق فعلينا جميعًا مراعاة أنفسنا بما يُرضي الله حفاظًا لتلك الأمانة، فقد حمل الإنسان أمانة التعمير للحفاظ على أمانة جسده وأمانة العبادة للحفاظ على نفسه من الفساد، فبذلك إذا كان جاهلًا بتلك الأمانة وهي أمانة نفسه بإصلاحها وإصلاح الأرض فإذا جهل العلم بتلك الأمانة فقد ظلم نفسه ظلمًا عظيمًا بأنه قد ضيّع الأمانة فسيُعرّض نفسه للعذاب وللنار.

الخيانة.. هي تشمل كل الانفعالات التي تُسبب ضرر وأذى للذات أو للآخر فهي تُضيّع كل الحقوق مما يسبب فساد لكل العلاقات ومن صور الخيانة أكل الحقوق، الرشوة، عدم إتقان العمل، الاحتيال على الآخرين، الاحتكار، نقض العهد، الغدر، كل هذا يؤدي إلى تولّد مشاكل نفسية للناس فيصبح مجتمعًا يبتعد عن السويّة شيئًا فشيئًا، فحفاظًا على الأمانة لا تخونها حتى لا تتعب في معالجة مجتمع بالكامل فمِن رحمته بخلقه يجعل لهم إنذارًا لعلهم يتوبوا إلى الله متابًا فالأولى النظر إلى الأمانة ورعايتها جيدًا لأنه إذا ضاعت فقد ضاعت نفسك وعرّضتها للنار والخسران المبين

 ∞∞∞∞∞∞∞∞∞∞∞ أسماء محمد الكواملة ∞∞ ∞∞∞∞∞∞∞∞∞∞ ∞∞

لأنها أمانة الله عزّ وجل فإن حافظت عليها وأنت آهل للحفاظ عليها فإذا استعنت بالله وأخلصت عملك له ستنال عليها أعظم فوزًا، أما إذا لم ترعاها فستكون خسارة عظيمة وعقاب على التفريط فيها، فعليك أن تُدرك جيدًا معنى أمانة الله فالأمانة نفسك إذا حافظت عليها نلتْ، وإذا انتكست خسرت، قد أفلح مَن زكّاها وقد خاب مَن دسّاها.

(٢٣)

(الوعي - ضيق الأفق)

الوعي.. هو القدرة على استيعاب المعلومات وفهم الواقع المُحيط وفهم البراهين العقلية المنطقية وكلما دخلت فكرة كانت تأسيسًا فحتمًا ستأتي فكرة تترابط مع الفكرة السابقة، فإذا تحقّق هذا الترابط الفكري زاد الوعي تدريجيًا إلى أن يصل إلى قدرات الاستدلال والاستقراء والاستنباط ثم بعد ذلك سيصل إلى فهم الغامض ووضوح النظرة العامة فيجد توحد العلم في نقطة واحدة فهذا هو الإدراك، وإذا وصلت للإدراك فهذا هو بداية العلم لأنه وصل إلى التوحيد بالشهادة كما شهد الله لنفسه والملائكة وعند ذلك يعقب هذا قدرة الاستبصار إلى أن يصل إلى أعلى درجة وهي الإلهام فهنا تلقّى علم مختص بك يُنير حياتك وهذا دليل على حب الله لك وحبك لله وعليه ينجذب حولك مَن يُحب النور وعليه ثمرة من الله أن يُرضيك في مَن تُحبه لأنك قطعًا قد أحببته في الله.

ضيق الأفق.. عدم قدرة على استيعاب وفهم الواقع وعليه لديه قليل من الحصيلة الفكرية فذلك يدل على ضيق الاستيعاب لأن لم يتسع ويمتلئ بالأفكار فيُصبح قليل الوعي وأكبر شيء يزيد الوعي هو الحلول الفكرية خاصة المشاكل الرياضية فإنها تُنمّي تدوير الأفكار في المخ مما يجعل الأفق يتداخل به أفكار مما يحدث تلاقي فكرة بفكرة تزيد اتساع الأفق العقلية فينمو الفكر تدريجيًا إلى أن يصل إلى الترابط الفكري وعليه يزيد الوعي تدريجيًا إلى أن يعي ويفهم الواقع حوله وهذا للإنسان العادي فلذلك علينا بتأسيس الأبناء منذ الصغر على التفكير وإعطاؤه مساحة من الوقت لِيُعطيك فكرة؛ لأن بهذا الفعل أتت الفكرة نتيجة صراع بين كثير من الأفكار فهذا يؤدي إلى زيادة الحصيلة الفكرية تدريجيًا إلى أن يصل إلى مهارات

التفكير، ومع مرور الوقت يصل إلى الوعي المطلوب وهو الإدراك بتوحيد الله عين اليقين بالتفكير الذي يصل به إلى التفكر في الكون فيكون وصل للتوحيد بالبراهين والأدلة فيستيقن ويزداد إيمانًا ولهذا خُلِق الإنسان في كون فقد سخّر الله للإنسان كل ما في الكون تكريمًا له وتركه يُفكر فيما حوله إلى أن يصل به إلى التفكر والتأمل في الكون، أمّا إذا انشغل يُفكر فيما حوله انشغال وراء مطالب الدنيا فهذا يؤدي إلى تلهّي العقل وغفلة الإنسان عن التفكر في الكون، فلذلك علينا الالتفات للأبناء لتعويدهم على التفكير ثم التأمل، فالتفكر بأن تجعله ينظر ويتأمل ثم تشدّه تدريجيًا إلى آيات الله الكونية التي تأخذ به إلى النضج والوعي ومن ثمّ الرشد المُبين اليقين على أدلة وبراهين.

 أسماء محمد الكواملة

(٢٤)

(الإلحاد - الإيمان)

الإلحاد.. هو طعن في الدين والوصول إلى حدود لا ينبغي الوصول إليها، فبهذا قد وصل المُلحد إلى حدود شديدة كحدّية السيف، وهذا يعني أنه ينال بالسير على هذا الطريق الحاد العذاب الشديد، ومَن يُلحد ويلجأ لحرف فإنه يقرب أن ينهار به في نار جهنم، فالإلحاد هو ميل عن الطريق ومعناه العام هو الخروج من دين الله نهائيًا، إن مبدأ الإلحاد ليس واقعيًا فكل ما في الوجود يؤكد على وجود إله واحد لا شريك له، انظر الحياة والموت فالحياة متمثلة في الماء فهي مادة حياة واحدة، فإذا قُبِضت حدث الموت فهذا يدل على وحدة اليد الخافية، فوجود حياة وموت فقط دليل على إله واحد لأنه إن كان يوجد إلهين لوجدت مادتين للحياة أي مادة أخرى مع الماء وهذا مُحال فالله ينزل لنا الماء رزقًا منه فقد جعل من الماء كل شيء حيّ، إذن مَن بيده الحياة قادر على قبضها لذلك الله هو المُحيي المميت الحيّ القيوم.

الإيمان.. انعقاد القلب على التوحيد بالله لا شريك له وهذا هو الصدق والفطرة السليمة وهو الإخلاص وثمرة هذا الإيمان والإسلام الحق، فالمؤمن الحق مسلم حق ويظل الإنسان يطلب تثبيت الله له وأن يزيده الله إيمانًا، فالثبات من الله والقرب من الله أمان من كل خطر دنيا وآخرة شقاء أو نار، والدليل على وجود الله عزّ وجلّ هو أن طبيعة وجبلية الإنسان مفطورة على تلقّي التعليمات والإرشادات والأوامر مما يدل على أنه عبد وإن كان كل ما في الأرض والسماوات عبادًا أيضًا فهذا يؤكد أن هناك رب سيّد لهذا الكون، فلذلك فطرة الإنسان تؤكد أنه عبد مما يدل على أن الكون ليس صدفة بل له مُدبر خالق لكل هذه المخلوقات فهل بعد ذلك إله

  ∞∞∞∞∞∞∞∞∞∞ أسماء محمد الكواملة ∞∞ ∞∞∞∞∞∞∞∞∞∞∞∞∞∞∞∞

مع الله؟ تعالى الله عمّا يشركون، فدليل الحياة الحركة وإن كان كل شيء يتحرك في هذا الكون فنقول هذا الكون به حياة فالله هو الحيّ المحيي بالحركة، المميت بالسكون والجمود.

(٢٥)

(الإقناع – الجدال)

الإقناع.. هي مهارة فطرية ليست مُكتسبة بل هي قدرة عقلية نفسية قلبية تنمو عن طريق حلّ المشكلات مثل مسائل الرياضيات وتنمية التفكير العلمي وقراءة القرآن بتدبر ما دمت تمتلك نفسًا سويّة حتمًا ستفهم آيات الله وتكن بيّنات في صدرك ولكن مَن يمتلك مهارة الإقناع لا بد وأن يكون لديه ذاكرة قوية تُخزن المعلومات وكلما دخلت معلومة ذهبت للملف المرتبطة به ثم يحدث ترابط مع الملفات الأخرى فيحدث تقارب العلوم كلها في نقطة واحدة، وهذا يؤدي إلى نشاط نورانية الإنسان فالنفس سويّة والعقل مُنير والقلب سليم، فكلما زادت النورانية اشتد الذكاء أي يصبح لديه فراسة قوية بسبب قربه من الله، وعلى هذا صاحب مهارة الإقناع يُعتبر قائد وله سلطة علمية سليمة تعتمد على الأدلة والبراهين مما يؤكد أن الإقناع مرتبط بالاستدلال والاستنباط والاستقراء وذلك يؤكد أن تفسيراته حقائق ومُسلّمات.

الجدال.. نوعان إيجابي وسلبي، فالإيجابي إنصاف الحق ومناقشة للوصول للحقيقة وهو واجب لأن الإسلام دعانا للأمر بالمعروف والنهي عن المنكر وأخذ بيد الآخر للنور والبعد عن الفساد، أمّا السلبي هو الجدال لأجل الجدال والهدف منه هدم ليس بناء فقد أحبّ الباطل وهذا دليل على العصبية مما يؤكد على أن النفس غير سويّة، فأصبحت الذات كلها ظالمة لنفسها فقد أصبحت أنانية فتوقع منه كل شر وعصبية وإيذاء ومجادلة ليظهر أنه على حق فهو مِن حزب الشيطان فيُظهر الباطل حق بالكذب والتزييف ويكن له معيشة ضنكًا ناتجًا عن اضطراب الذات وعلى ذلك يضيق صدره ولو كانت كل المتع حوله، لذلك الجدال للوصول إلى الحقيقة

 ∘∘∘OOOOOOOOOOO∘∘ أسماء محمد الكواملة ∘∘∘OOOOOOOOOO∘∘

عن طريق الحوار والمناقشة مطلوب للأمن النفسي والمجتمعي، أما الجدل لأجل الجدل فهو غير مطلوب لأنه غير موضوعي، وغير حيادي، وغير منصف بالصدق، بل يعتمد على التزييف والباطل بمساعدة الشياطين، وإن كان الحق ساطعًا والباطل مُظلمًا فسيرى النوراني الحق حقًا والباطل باطلًا، على عكس مَن يكن في الظلمات ربما يرى الحق باطلًا والباطل حقًا ويلتبس عليه كل شيء حقيقي امتثالًا لقول الله فهو في ظلمات ليس بخارج منها إذا أخرج يده لم يكد يراها، فلنعم المُهتدي ولبئس الضال، فالإقناع نور والجدال بالحسنى نور، أما الجدال لأجل الجدل ظلم وظلمات.

المبحث الثاني

مقتطفات تنموية

"تنمية الذات هي غاية الإنسان في الحياة الدنيا وما خُلِق الإنسان إلّا لتزكية النفس، فالتنمية إصلاح لها ورقيّ ووصول لخُلق قويم.."

 ∞∞∞∞∞∞∞∞∞∞∞ أسماء محمد الكواملة ∞∞∞∞∞∞∞∞∞∞∞∞∞∞∞

(٢٦)

النفس السوية.. هي النفس التي تزن الأمور بالمعيار المتزن، هي النفس التى تدرك أن الدنيا عاجلة والآخرة باقية، هي النفس التى تقول: "ربنا آتنا في الدنيا حسنة وفي الآخرة حسنة وقنا عذاب النار" تربط كل شيء برضا الله سواء دين أو دنيا، فهي نفس تريد الفوز بالدنيا والآخرة وهذه وسطية ورحمة لك في الدنيا والآخرة معًا، فهي النفس المستقيمة التي تسعى للآخرة فسعيها مشكور في الدنيا والآخرة.

(٢٧)

السعادة في السويّة الحقّة، من السويّة ألّا تُقارن نفسك بغيرك، فمن حكمة الله عزّ وجل أنه خلق كل إنسان بناءً متكاملًا مختلفًا عن باقي البشر، فكل شخص لديه قدرات عقلية وقدرات نفسية وسمات شخصية بصمات مميزة له فقط، فلذلك لا تسير وراء الجمع ولكن كن كما أنت فما أنت تستطيع أن تتكيف معه لا يستطع الآخر التكيّف معه، فانظر داخل نفسك واعرف مؤهلاتها وعليها أقبل على ما يُلائمها.

(٢٨)

يتعجبون قائلون إن المُفلحين محظوظون!! لما لا وهم على هدى ونور مِن ربهم يسيرون، وإذا دخلوا في ظلمة بغير عمد خطأ أو نسيانًا ذكروا الله فيُخرجهم الله من الظلمات إلى النور ويزيدهم نورًا وهداية، ولكونهم لا يتعمّدون الجرأة على المعصية ولكونهم أيضًا في رعاية الله وعنايته كل أمر يحدث لهم يكن خيرًا، فإن أصابتهم سراء شكروا فكان خيرًا لهم، وإن أصابتهم ضراء صبروا فكان خيرًا لهم، وهذا ليس الحظ بل التوفيق فلا فلاح بدون توفيق، ولا توفيق بدون فلاح لذلك نقول لهم المُفلحون مُوفّقون وليسوا محظوظين.

(٢٩)

يتوهّمون أن الصدق غباء وسذاجة ولا يدرون أن الصدق يؤدي إلى البر والخير كله في البر، والبر يؤدي إلى الجنة ولا يدخل الجنة إلّا أصحاب العقول المُنيرة والقلوب السليمة، وعلى النقيض يتوهمون أن الكذب ذكاء ودهاء ولا يدرون أنه يؤدي إلى الفجور والشر كله في الفجور، والفجور يؤدي إلى النار ولا يدخل النار إلّا أصحاب العقول المُظلمة، فالصدق نور والكذب ظلمات، فمعيار الله عزّ وجل ومَن يتبعون أمره ويجتنبون نهيه هو الصدق، ومعيار الشيطان وأتباعه هو الكذب فإلى مَن تنتمي؟ إلى الله أم الشيطان؟؟

(٣٠)

أسوأ شيء في الوجود أن تنشغل بمعرفتك بالناس وبمعرفة الناس بك ما نُسمّيه مصطلح "الشهرة" وتنسى معرفتك بالله فيتركك لنفسك، فمهما عرفك الناس تظل غير معروف عند نفسك "تصبح غير سويّ" وقد تتغير نفسك نتيجة انغماسك وسط الناس وتنسى هويتك الحقيقية، أما مَن يعرف الله وحده "وهنا تكمن السويّة" يُعرّفه الله للعالم كله ولا يجعله يغفل عن معرفته بنفسه، فمَن يُحبه الله يُشهره بالخير ولا تستويان شهرة من الله وشهرة من بشر، ومَن يجعل نفسه مُعلّقة بالله كان مع الله موجودًا وهو داخل الوجود فلا تكن عبدًا لمبادئ البشر، ولكن كن عبدًا لشرع الله أتُكرم البشر وتنسى تعظيم الإله! إيّاك أن تظن أن ذكرك عند البشر يتساوى مع ذكرك عند الله في الملأ الأعلى، كلا كلا رضا الناس في سخط الله خسران عظيم ورضا الله في سخط الناس فوز عظيم، لا تكن من عبيد البشر ولكن كن من عباد الرحمن هنا العزة الحقيقية ليس عند البشر، أمّا إذا استعملك الله وشَغلك بعمل يُرضيه مهما طالت المدة، فمنذ أن يشغلك ودون أن تشعر وأنت مُنهمك فإنه سيُغير ويهيىئ ويُرتب لك الظروف لِيُرضيك بما شُغِلت عنه فقط عندما يتحقق المراد الذى يُريده الله، فلا يُقاس الإنسان بعمره إنما يُقاس بدينه وأخلاقه وصدقه وإخلاصه، فنحن لا نختار الوقت لكن الله هو الذى يختار الوقت المناسب لنا، فما الوقت إلّا صبر ولذلك ما هذا إلّا يكون اختبار للصبر حتى يعلو شأنك ويرتفع قدرك في الدنيا والآخرة، فالفوز بالدنيا والآخرة معًا أمر عظيم يستحق الصبر الجميل، قال تعالى "إنما يوفى الصابرون أجرهم بغير حساب" فالإيمان هو صبر وأمر المؤمن كله خير فما بعد الصبر إلّا الجبر والجزاء العظيم والفوز والفلاح، لذلك حرّم الدين اليأس من روح الله ودعانا إلى البُشرى والتفاؤل وحُسن الظن بالله.

(٣١)

الإنسان لا يملك لنفسه نفعًا ولا ضرًا ولا حياة ولا موت، لذلك هو مملوك عليه العبادة والعبادة هي الشكر، والشكر تعظيم الله قولًا وفعلًا، وتعظيم الله هو عين التقوى، والتقوى في الجنة، أكان مملوكًا وأصبح مالكًا جنة عرضها السماوات والأرض وكأنه مالك كون ورثه تمليك إلى خلود وأصبح يأمر فيها بمجرد مرور الخاطر في الذهن!! يا إلهي العبادة حرّية!!

(٣٢)

كثير من الأناس لا يشعر بقيمة النعمة إلّا عندما يفقدها، فلو عرف قدرها حقًا لحافظ عليها وصانها ما فقدها وكثير منهم يعرف قدرها ولا يحوطها بالعناية فيُحرَم تلك النعمة، وهذا عدل من الله؛ لأن شكر النعمة أمر مطلوب فبالشكر تزيد والله يحب أن يرى أثر النعمة على عبده فيحمده عليها، وشكرها يكون بعنايتها وعدم إنكارها أو جحودها ظاهريًا وباطنيًا، فلابد من شكر النعمة سرًا وعلانية.

(٣٣)

العالم المؤمن الصادق لا يرجو بعلمه إلّا وجه الله، لا يريد شهرة وتباهي ومفاخرة وثناء الناس عليه، فهو لا يريد منهم جزاءً ولا شكورًا، فهو يُدرك أن الفضل فضل الله وأنه ليس لنفسه فيه شيء وهذا دليل التواضع، ففي حديث رسول الله "مَن تواضع لله رفعه" وقال تعالى في سورة المجادلة: "يرفع الله الذين آمنوا منكم والذين أوتوا العلم درجات" فرفعة الله لهم دليل الحب فهو الذي تولّى رفعهم، فإذا تواجد الإيمان الحق "الصدق والإخلاص" تواجد العلم الحق وهو علم اليقين، صدق في القول والعمل وإخلاص في التوحيد والباطن، فالحكمة هي تحقيق العلم والإيمان معاً لأنه علم وعمل، وقد قال تعالى في سورة البقرة: "يُؤتى الحكمة مَن يشاء ومَن يُؤت الحكمة فقد أوتى خيرًا كثيرًا وما يذّكر إلّا أولوا الألباب" أي أصحاب العقول النّيرة والقلوب الصافية.

  ○○○○○○○○○○○○○○○○○ أسماء محمد الكواملة ○○ ○○○○○○○○○○○○○○○○○

(٣٤)

ليس كل عالم عارف ولكن كل عارف عالم، فالعالم يَنهل من الكتب أمّا العارف يَنهل من الله عزّ وجل مباشرة، فقد تجد عالمًا صادقًا وقد تجد عالمًا غير صادق، أما العارف فهو العالم الرباني ومن أهل الله وخاصته "من الصفوة" أي من أولياء الله، فالعلم الرباني لا يُعطيه الله إلّا لمَن يُحبه فقط، وعلى قدر الهمم تُعطَى العزائم فجميعًا نعلم أن العلماء الربانيين الصادقين ورثة الأنبياء وأن ميراث الأنبياء العلم ليس دينارًا أو درهمًا؟ ونعلم جميعًا أنه لا يرث إلّا الأقارب مما يدل على أن هناك قرابة بين العلماء الصادقين والأنبياء والعلماء وبعضهم البعض، فلا تستغرب إذا وجدت بين العلماء الصادقين وبعضهم حبًّا في الله وتقديرًا واحترامًا وتبجيلًا، نظرًا للقرابة مما يؤكد أن النسب الحقيقي هو نسب الدين وليس نسب الدم، فهناك طائفتان من العلماء أحدهما يعتمد في علمه على تجارب مادية على البشر أو الحيوان أو النبات أو الجماد، وهناك طائفة أخرى تعتمد في علمها على تجارب تأملية في أنفسها قد تجد أحد هذه الطائفة يسلك طريقًا غير صحيح لكن في الحقيقة إنما أراد الله به أن يُصلِح هذا الطريق فكان لا بد من أن يسير فيه فكيف سيُصلحه بدون أن يسير فيه، فيكون الإصلاح أن يُمهّده ويُنيره بالعلم لكل مَن يُريد أن يسلك هذا الطريق لاحقًا، فلا تستغرب فقد قَتل سيدنا الخضر عليه السلام نفس زكية والهدف الإصلاح وخرق السفينة والهدف النجاة، لا تستعجب فهم لديهم شعرة من منهج سيدنا الخضر وإن كانت المسافة كبيرة بينهم وبين درجة سيدنا الخضر ولكن هم تابعون لمنهج الإلهام وهؤلاء هم العارفون، ولا تجد من هذا الشخص كثيرًا بل يكون واحدًا من بين الناس في كل زمان متباعد، وعلماء التجارب المادية يعتمدون على المحسوس وعلماء التأمل أي العارفون يعتمدون على الكشف فهم

 أسماء محمد الكواملة

الأرقى عند الله من علماء المادة، فلا غرابة فهم لديهم أسرار عظيمة بينهم وبين الله لا يعلمها الآخرون.

(٣٥)

قد تجد أشخاصًا لا يُريدون منك مكافأة، وإنما يُريدونك أن تكون أنت المكافأة لهم ليس رغبة في شيء إلّا حبًّا وقربًا، تجدهم لا يُريدون لك ولهم إلّا الأمان، فهم أشخاص يستحقون أن تُحسن الظن بهم ليس فضلًا وإنما عدلًا، ويجب معاملتهم بالصفح الجميل فعلى قدر الحب يكون الصفح الجميل، وعلى قدر الصفح الجميل تكون الطيبة، وعلى قدر الطيبة طيبة تُشبهها، الإنسان الطيب يستحق أن يتعامل بالصفح الجميل لأنك تعرف جوهره جيدًا مهما ساء الآخرون الظنون به ومهما تغيّرت الظروف حولك ما زلت تُحبه وعلى قدر الصفح الجميل منك يُحبك بالمثل، علامة هؤلاء الأشخاص السمت الطيب والخلق القويم.

أتدرون ما الفطرة؟ النفس الطيبة الذكية التي نُفِخ فيها من روح الله فتظل برائحتها الذكية، قال تعالى: "صبغة الله ومَن أحسن من الله صبغة ونحن له عابدون" لذلك الفطرة السليمة مصبوغة بالهدى، فالذي فطرها هو مَن هداها، فهي صنعة الله ما أعظمها من صنعة.

(٣٧)

كيف تتحقق الثقة الداخلية بالنفس؟

عندما يُدرك الإنسان أن ربّ الخير لا يأتي إلّا بالخير، فعندما يفتح الله له بابًا فيظن هذا الإنسان أنه فوق طموحه أو أقل، أو يغلق بابًا فيظن أنه أقل من طموحه أو أكثر، فعليه أن يعلم أن هذا ما يُناسب قدراته بجميع جوانبها العقلية والجسدية والقلبية والنفسية، ولكنه لا يعلم بتلك القدرات الدفينة ولا يدري، وأن هذا الباب الذى أُغلِق لم يكن يُناسبه حينها فهو لا يُناسب قدراته بجميع جوانبها ولن يستطع التكيّف معها، عند ذلك سيُدرك أن أمر المؤمن كله خير فينبعث داخله الاطمئنان ومن ثمّ الثقة بالنفس، فالثقة بالنفس نستمدها من الثقة بالله، فالثقة بالله تزيد من قدراتك النفسية والعقلية والجسدية والقلبية لأنها دليل على قوة الإيمان بالله، فالنفس سويّة والعقل مُنير والجسد مستقيم والقلب سليم، لذلك هي تصنع كل مستحيل ويُصبح ممكنًا، ألم يقلْ الله عزّ وجل "أنا عند ظن عبدي بي فليظن بي ما شاء" فإن ظنّ الخير وجده، وإن ظنّ الشر وجده أيضًا، ومَن أحب الله أحبه الله ووضع له القبول في الأرض فلذلك عليك بحب الله وحده والتعلق والثقة به وحده يُحبك الناس وأنت لا تدري، ومَن يتيقّن ويثق في الله يستطيع أن يحصل على أكبر طموح مهما عظُم، فعطاء الله لا ينفد أبدًا بل إن الله يُعطي حتى الرضا لمَن يغلب يقينه القدر بل يُغيّر له مسار الكون لأجل تعلّق قلبه وثقته به وحده.

 أسماء محمد الكواملة

(۳۸)

من حكمة الله عزّ وجل أنه أخفى عن الإنسان موعد قبض روحه أي موته أتدري لماذا؟ لأنه يُريد من الإنسان السعي والحركة دون أن يشغل نفسه متى سيأتي الموت فيُصاب باليأس، ويُريد له ألّا تتوقف إرادته مهما كبر يُريد له الأمل لكنه ليس الأمل الطويل الذي يُلهي الإنسان بالشهوات وعدم عبادة الله، ولكن الأمل المضبوط بأمر الله ونهيه فإن أتى الموت يجده على طاعة الله ورسوله فيكن لديه أمل أيضًا في دخول الجنة، فمِن رحمة الله عزّ وجل أنه لا يُريد من الإنسان اليأس أتدري لماذا؟ لأن اليأس يُسبب حزن لبني آدم وهو لا يُريد أن يُحزنه، فلو عَلِم الإنسان موعد مفارقته للحياة لكلما اقترب من هذا الموعد فقد الأمل بالحياة تدريجيًا فيُصاب باليأس والحزن، فهل رأيت رحمة مثل هذه الرحمة! حقّ قولك يا إلهي بسم الله الرحمن الرحيم وكفى بك رحيمًا.

(٣٩)

هناك فرق بين الكرامة والكبر والتواضع

الكرامة أن تدرك قيمتك وقدرك وقيمة وقدر الآخر معًا وبها يسود الحب والإخلاص بين الطرفين.

الكبر أن تدرك قيمتك وقدرك فقط ولا تنظر لقيمة الآخر وبه يُسبب أذى وجرح للآخر، فالكرامة احترام والكبر ازدراء فلا تُطالبني بالتواضع وأنت تتكبر عليَّ لأن في هذه الحالة سأضطر إلى وضع التواضع جانبًا ثم أرفع رأسي معتزًا بنفسي.. عدلًا ما دمت متواضعًا أعاملك بالتواضع، أمّا إذا تكبّرت فلن أُقابلك إلّا بالعزّة وفي هذه الحالة لا تُشكّل لي أيّ أهمية لأن المبدأ يقول عامل الناس كما تُحب أن يُعاملوك، هل تعلم أنه عندما تتكبر على إنسان فإنك تُسبب له ألمًا نفسيًا؟؟ فما دُمنا جميعًا من أصل واحد وهو التراب فكلنا في حيّز الإنسانية لا مجال للكبر، فأنت مُفضل عليَّ في شيء وأنا مُفضّل عليك في شيء فجميعنا نحتاج بعض، فالمتكبر لا يُعطيك اهتمامًا وكأنك لا قيمة لك وهذا هو الاحتقار، فليس معنى التواضع الخضوع وليس معنى الاعتزاز بالنفس التكبر، فنقول لا للخضوع وللتكبر ونعم للتواضع والاعتزاز.

(٤٠)

الشخص المُسالم يتنافر معه الشجار، الهجوم، الغيرة الهدامة،
إساءة الظن، ولم ترَ تجاذب له مثل تجاذبه نحو حب الله ورسوله،
ويُصبح تجاذبه نحو قول الحق مثل تجاذب احتياجه للمياه وكأنه
الحياة، فتوقَّفت مع نفسي برهة مُتعجبة كم هو غريب! فقُلت لما لا
وإن كان الله هو الحق ورسوله نبيّه حق وقرآنه حق وسنة نبيّه حق،
وإن كان أحبّ قول الحق فها هو قد أحبّ القرآن والسنة، قال
تعالى: "قل إن كنتم تحبون الله فاتبعوني يُحببكم الله ويغفر لكم
ذنوبكم والله غفور رحيم"

(٤١)

هل تعلم أن أكثر الناس تعبًا في هذه الحياة هم الأذكياء النفسيون ، فهم يُولدون ويُفطرون على المثل العليا والعدالة والمساواة والأخلاق الراقية فيظلوا متمسكون بها ، ثم يجدون مجتمعًا مليئًا بالانحرافات الأخلاقية ومطلوب منهم التكيّف والتأقلم فكيف!! فكان طبيعيًا أنهم الذين يتعبون في محاولة إظهار ذاتهم حبًا في التأقلم وبثُ مثلهم لا اكتساب انحرافات، ممكن الآن نقول يجب احترام العلماء الذين يخشون الله وحده ليس أيّ عالم عادي، فهم أكثر الناس تعبًا فعلينا أن نُحبهم ونُقدر هم لتفانيهم وصبرهم فكأنهم باعوا أنفسهم لله واشترى الله منهم أنفسهم ربح البيع حتمًا، فكان من الحكمة أن يصبروا ويتحملوا التعب لأن سلعة الله غالية ورضاه أعظم فضل منه.

قال تعالى: "منكم مَن يريد الدنيا ومنكم مَن يريد الآخرة"

تأمّل سيدنا نوح كان نبيًّا وله ولد كافر وأولاد صالحون.

تأمّل سيدنا إبراهيم كان نبيًّا وكان أبوه كافرًا.

تأمّل سيدنا لوط كان نبيًّا وكانت زوجته كافرة.

تأمّل سيدنا نوح كان نبيًّا وكانت زوجته كافرة أيضًا.

تأمّل السيدة آسية كانت مؤمنة وهي امرأة ضرب الله بها مثلا للذين آمنوا، وكان زوجها فرعون كافرًا.

لذلك دعاء عباد الرحمن في الدنيا "ربنا هبْ لنا من أزواجنا وذرياتنا قرة أعين واجعلنا للمتقين إماما" سورة الفرقان.

وفي الآخرة يُدخلهم الله الجنة مع أزواجهم وذرياتهم جزاءً لصلاحهم.

(٤٣)

الكلام الدبلوماسي في حالة المكر لله كالحرب وكالإكراه على شيء يُغضب الله وما شابه ذلك فهو يُرضي الله، أمّا في حالة استخدامه في الأمور الحياتية والتفاعل مع الآخرين والمكر على عباد الله فهو خداع، والخداع جريمة عند الله فهو لا يُرضي الله، وللعجب الكلام الواضح المباشر له ثواب عند الله جزاءً على نيّة صافية صادقة، وعليك في التعامل مع الآخرين بالتغافل فهل الانسحاب أفضل أم التغافل؟؟

التغافل أفضل، فالتغافل صبر أما الانسحاب يأس، والله يُحرّم اليأس فبالصبر قد ينصلح كل شيء حولك فلا تخسره أو تفقده بعد الانسحاب، فبالصبر تنال كل ما تريد وأكثر أما بالانسحاب قد تفقد كل شيء، فالتغافل فوز والانسحاب هزيمة فالحياة تدوم بالتغافل وتنتهي باليأس، فأفضل أسلوب للتعامل مع البشر هو التغافل ليس الانسحاب حتى لا تعش وحيدًا.

أفضل سبيل للنجاح هو أن تنشغل بنفسك لا بالآخرين تتنافس مع ذاتك لا مع الآخرين، حقًا هذا هو الفلاح لأنه السبيل لمعرفة النفس وتزكيتها، قال تعالى "قد أفلح مَن زكَّاها" فالشخص الذكي هو الذى يتعلم من الخطأ ولا يُكرره أمّا الأحمق هو الذى يُكرر نفس الخطأ، ففي التعلم نجاة وفي الجهل شقاء وفى التجاهل راحة، فاصلح أخطاءك ولا تدعها تُفسدك

"توبة نصوح".

(٤٥)

ينقسم الناس إلى أُذن خير وأُذن شر، فلا تسمح لأحد أن يتسلّط عليك بأساليب الإحباط وزعزعة الثقة الداخلية وإضعاف الروح المعنوية للتقليل من عزمك وتثبيط همّتك إنما يُريد حجمْ إرادتك، فلا تسمع له فهو أُذن شر ويجب ألّا تُعطيه أيّ أهمية وتتلاشاه وتُشعِره بأنك لا تهتم بكلامه ولا يُفيدك في شيء، فعلاجه الإعراض فهو جاهل بأمر الله ونهيه لكن حسابه عند الله ولن يَضرك ما يفعله، لكن عليك أن تثق بنفسك ما دُمت على الحق ولم تفعل شيئًا يُحرّمه الدين فأنت طائع لله ورسوله لذلك استمع لأمر رسول الله فهو أُذن خير، لأن أصبحت آفة البشر الحالية أنه لا يُريد أيّ شخص أفضل منه كبرًا وحسدًا ولا يُريد له سعادة بل يُريد السعادة له فقط أنانية بل يُريد حرمانه منها، لكن الله غالب على أمره واعلم أن الأمة لو اجتمعت على أن يضروك بشيء لن يضروك بشيء إلّا بشيء قد كتبه الله عليك، وإن اجتمعوا على أن ينفعوك بشيء لن ينفعوك إلّا بشيء قد كتبه الله لك، رُفِعت الأقلام وجفّت الصحف.

(٤٦)

الإنسان الذي يُطيع الله عزّ وجل فهو كالملك الذي يفعل ما يُؤمر لأنه أصبح يسير بأمر الله لا إرادته وهذا هو العبد الرباني، لذلك نقول الإنسان النوراني إنسان في هيئة ملك فمجاهدة النفس للطاعة وتقبّلها الابتلاء يُصفيها ويُنقّيها ويُهديها، فقال تعالى "قد أفلح مَن زكاها" فعند ذلك يرشد العقل وهذا هو الفلاح والفوز فهنا النفس كاملة سويّة، عقلًا وقلبًا وجسدًا، فيُعطي الله الرشد لمَن اهتدى ولا شكّ أن تحمّل الجهاد صعب جدًا وشديد الألم فهو أشدّ من جهاد الحرب؛ لأنه جهاد للنفس في زمن مليء بالفتن فنقول الماضي يتحول حاضرًا فمستقبلًا فالماضي بمثابة الأساس والقاعدة، الماضي هو حاضر حاليًا ومستقبل أيضًا فلا تصفه ماضيًا بل صِفه حاضرًا، فالذي تتحمله رضًا وصبرًا يصل بك إلى الفلاح والاطمئنان والفطنة والكياسة والفراسة والرؤية بنور الله، أليس هذا الفوز يستحق الهجرة إلى الله ورسوله؟ فحينها تأتيك الدنيا وهي راغمة وبل وتنال الاطمئنان والثقة بالنفس واليقين بالله، فتنلْ توفيق الله وهنا لا خوف ولا حزن وهدوء واستقرار واتزان وهذا هو الأمان الذي تحقق بالإيمان الحق.

 ○○○○○○○○○○○○○○○ أسماء محمد الكواملة ○○○○○○○○○○○○○○○

(٤٧)

كل إنسان يعرف طريق الخير وطريق الشر جيدًا لكن هناك مَن يريد الخير وهو يعرف الشر جيدًا وهذا من أهل الخير، وهناك مَن يريد الشر ويعرف الخير جيدًا وهذا من أهل الشر، فالإنسان الطيب يعلم الخير ويأتيه ويعلم الشر ولا يأتيه، والإنسان الخبيث يعلم الشر ويأتيه ويعلم الخير ولا يأتيه، فمَن لم يصبر على مشقّة الطاعة حبًّا واختيارًا صَبر على دار الشقاء والعذاب قهرًا وإجبارًا فما أصبرهم على النار!!

(٤٨)

اتفاقًا لا حياة بدون صراع من الآخرين لإنجاز أيّ عمل، لكن الشخص الحسّاس السويّ هو الشخص الذي يُفضل التنافس مع الذات لإنجاز العمل لا الدخول في صراعات، فالتنافس مع الذات يؤدي إلى استمرار النجاح بعكس الصراع، وإن أجبره شخص على الدخول معه في صراع فيجب عليه أن يفض النزاع سريعًا بذكاء فهو شخص يُدرك أن الصراع يستنفد الطاقة المعنوية ويُرهق النفس، فالشخص الواعي الناضج الذكي هو الشخص الوسيط بين كل الناس دون الدخول في أزمات مع الآخرين، ولذلك أقول أن سر الحياة المطمئنة في عدم الصراعات.

(٤٩)

علّمتني الحياة أن المعاملة بالإحسان لها أهلها، وأن المعاملة بالمثل لها أهلها، وأن المعاملة بالإساءة ليس لها أهل ولكن نعاملهم بالإعراض فهم جاهلون، فالإسلام يدعوك إلى الإحسان وإلى القصاص وإلى الإعراض، وإلى العفو والصفح الجميل، ما أعظم هذا الدين فأعطي كل ذي حق حقه دين حفظ الحقوق، رغم ذلك فهناك أناس مهما تُعاملهم بالإحسان وحُسن النوايا يُقابلوك بالإساءة وسوء النوايا، عجبًا لمجتمع يجعلنا نتمرد عليه ليفيق من غفلته، أما مبدأ اعمل الخير في أهله وغير أهله فعمله في أهله هو الإحسان فهم يستحقون، وعمله في غير أهله هو الإعراض والتجاهل فهم جاهلون وهم يستحقونه، أما الإساءة فهي خارج رغبتنا ونأبى فعلها فنحن لا نُبدل عهدنا مع الله، فاتبعنا طريق الخير واجتنبنا طريق الشر "أولئك حزب الشيطان ألا إن حزب الشيطان هم الخاسرون" فالفطرة السويّة تُنكر الشر وتنسجم مع الخير والسلام "أولئك حزب الله ألا إن حزب الله هم المفلحون"

(٥٠)

مَن يمتلك النفس الغير سويّة فهو شخص دنيوي يبحث عن شهوات الدنيا ويُريد أن ينال كل متع الحياة ورفاهيتها دون عبادة، ما بالك بهذا الإنسان عندما يُحرَم كل هذه المتع والشهوات يوم القيامة!! هذا الإنسان ظالم لنفسه فإن كان يُحب نفسه حقًا فماذا عنه عندما يخلد في العذاب مُهانًا! فإن كان سويًا ما باع الغالي بالرخيص وما اشترى العذاب بأبسط المتع وما باع الخلود بالفناء وما اشترى النار بالجنة هيّا نقتنع إن كان هذا الإنسان لا يطيق تحمل تعب العبادة ويؤثر الراحة وعدم العمل مائة سنة أو يزيد قليلًا وهو عمر الإنسان محدود جدًا ولو طال، فما حاله عندما يكن في النار مُخلّدًا فيها لا يجد فيها إلّا الشقاء والعذاب والإهانة ولا يذوق فيها نعيم قط بل كله عذاب وعدم راحة، هل هذا الشخص يُحب نفسه؟؟ لا مُطلقًا فهو يُعرضّها للشفاء الدائم فهذا مريض نفسيًا فأصبح القلب أيضًا مريضًا، وعليه أصبح العقل مُظلمًا فخسر نفسه إذن هذا هو الشخص الغير سويّ الغير مستقيم الغير مُهتدي، فهو الشخص الذي يُناقض قوله فعله ويشهد الله على ما في قلبه وهو ألدّ الخصام، فنفسه تقول ما لا تفعل فهي ليست مستقيمة فهو يسعى للدنيا فقط ولا يُريد الآخرة بئس النفس الضّالة والقلب المريض والعقل المُظلم.

(51)

هناك إصرار على الطاعة "حزب الله" هذا عزم، وهناك إصرار على المعصية "حزب الشيطان" هذا فتور العزم وتلاشيه، وهناك فئة ضعف العزم وعدم تلاشيه بالكامل فهم لم يُصرّوا على ما فعلوا "الحزب المتذبذب بين طاعة الله وطاعة الشيطان" وهؤلاء الثلاث فئات هم قوى الإيمان، والكافر، وضعيف الإيمان.

(52)

يقول العارفون "على قدر الهمم تأتي العزائم" والعزيمة هي الإرادة القوية والصبر الجميل، أمّا الهمم هي المُجاهدة للنفس ولشياطين الإنس والجن، وهما معًا العزيمة والهمة صدق اليقين بالله اعتقادًا وعملًا، وليس كل إنسان بل ليس كل الأنبياء كانوا أولي عزم، فأولوا العزم خمسة من الرسل فقط، فعمل الجوارح همّة والإرادة عزيمة فكلّما قويت النفس بالإيمان قويت الجوارح بالطاعات.

(53)

لا تستغرب التكنولوجيا الربانية للمؤمن الحق فإنه لديه قوة بصيرة تجعله يُدرك الكاذب من الصادق ولديه نظرة ثاقبة ألا وهي الفراسة تجعله يرى ما خفى عن العين، لذلك قال رسول الله صلى الله عليه وسلم "اتقوا فراسة المؤمن فإنه يرى بنور الله" ولكن عليه ألّا يتفوّه بما يكشفه إلّا لمَن يستطع معه صبرًا، لأن شرط الفهم الصدق والإخلاص ولا يُحققهما إلّا الصابرون لذلك المؤمن الحق صادق مخلص.

(54)

عجبًا لأمر المؤمن فإن أمره كله خير إن أصابته ضراء صَبَر فكان خيرًا له، وإن أصابته سراء شكر فكان خيرًا له، فلا تستعجب فإن حياته مرسومة بدقة بالغة تَحوطها العناية والرعاية، حقًا وكأنه يختار القدر لذلك نقول عجبًا لأمر المؤمن فإن أمره كله خير، فالمؤمن موضوعيًا ليس ذاتيًا ما دام في أمر لا يحرمه الله تجده لا يتأثر نفسيًا رضا الله عنده هو رضاه، والموضوعية هي عدم دخول العوامل الذاتية عند تحرّي الحق فالمؤمن بطبيعته لا ينحاز لنفسه ولا يرى انتقاص في ذلك، فهو مُحبّ للحق فكيف يغضب!! لكن ليس ذلك إلّا للمؤمن الحق فربما يُريد الله إثبات صدقه لك بموقف يُقدّره الله فتثق فيه بلا شك ويكن هذا علامة على الصفاء له فيكن تكريمًا له، فأمر المؤمن كله خير فهو يعلم علم اليقين أن كل ما يُصيبه خير حتى وإن بدا للجميع شر وليس ذلك إلّا للمؤمن.

 ∞∞ ∞∞∞∞∞∞∞∞∞∞ ∞∞ أسماء محمد الكواملة

(55)

النفس الإيجابية لا تُعطي أفكارًا إيجابية إلّا إذا كانت مقتنعة بها واقعيًا تجريبيًّا، فالإيجابية هي الصدق فوعظ النفس يأتي أولًا قبل الآخرين فهناك فرق بين الإيجابية والسلبية كما أن هناك فرق كبير بين الشخص العنيد والشخص الحق، فالأول لا يعترف بالحق مهما يحدث يكذب عن بيّنة ووسيلته الجدال بالباطل، والثاني لا ينطق إلّا حقًّا وصدقًا وسيلته الإقناع بالدليل والحجة، فشتان بين الحق والباطل إيّاك أن تلبس بينهما، "ومن صفات الحق الوفاء بالعهد" وأوفوا بالعهد إن العهد كان مسئولًا "فإيّاكم ونقض العهد فالله هو الذي يُحاسب عليها فعندما يغدر الإنسان فإنه لن يأمن عواقب الدهر عليه، فالوفاء بالعهد حق للآخر ولك وإذا ضاعت الحقوق ضاعت الحياة، وحرام أكل الحقوق لأن أكلها يجعل النار تأكل الجسد، ومَن أعطاك عهد فمسئول بتوفيته فهو يعلم جيدًا معنى عهد أي مواثيق يحكمها ويقيسها جيدًا حتى لا يُضيع حياة الآخرين ويُسبب لهم الأذى، متوكلًا على الله توفيقًا منه مُستمدًا منه العون، والله لا يرد إنسانًا يصدق العهد فهو الذي أمر بالتوفية مما يؤكد أنه يُوفق مَن يُريد لذلك سيسأله عليه.

(56)

كل الانتصارات سواء النفسية المعنوية أو الآداء بالمهارات الحركية تأتي من الهدوء التام وتراخي الأعصاب والشعور بالنفس فقط فلا تثور لأنك فقط الذي سوف يحترق فحافظ على سلامتك، فإن كانت هناك وصية من رسول الله فهي

"لا تغضب لا تغضب لا تغضب" وهي أعظم وصيّة لأن فيها السلام الداخلي والخارجي، فقط باسترخاء الأعصاب والانشغال بنفسك فقط تحصل على جميع الانتصارات، فلا تؤثر حب مخلوق على حب الخالق، فإذا أطعت رسول الله بعدم الغضب فقد آثرت حب رسول الله وبذلك حب الله، فهدوء نفسك وسلامتها طاعة لله ورسوله، وغضبها وثورتها طاعة لشياطين الإنس والجن وعند ذلك تحدث الهزائم بدلًا من الانتصارات، لذلك قال رسول الله "ليس الشديد بالصرعة إنما الشديد مَن يملك نفسه عند الغضب" فإذا ملكتها كنت أنت الأقوى وعلى ذلك البقاء والفوز للأقوى في ضبط انفعالاته، فضبط الانفعالات سياسة بارعة في تحويل العدو لصديق وهو ما زال عدو لكن فقط تُجبره على احترامك، فليكن تعاملك مع الآخرين ببرود الأعصاب لأن حينها ستشعر بذاتك جيدًا واحترامك لنفسك أيضًا.

(57)

واقعيًا ليس من حق أيّ إنسان في الوجود مهما كان قربه حتى لو الولدين التّسلط عليك مطلقًا، فلا تُعطي أحدًا مهما كان قربه تلك الفرصة وبتحقيق الخوف من الله فقط تحصل على الحرية المطلقة، فعندما تخشى الله فقط ستعش أسعد إنسان، فقد قال الله تعالى لرسول الله صلى الله عليه وسلم "فذكر إنما أنت مُذكّر لست عليهم بمصيطر" فالتّسلط يقتل الحب، فاتركوا أولادكم أحرارًا كما خلقهم الله أحرار فهم عباد لله ليس لأيّ مخلوق.

(58)

حقًّا الفضفضة هي سبيل تمكين العدو منك وإن تظاهر بالحب، وعندما تحتفظ بالسر لنفسك أرحت نفسك من معرفة نقاط ضعفك حتى لا تكن عرضة للخائنين، فعليك بالحِلم فلن ينفعك إلّا الله، لذلك اجعل سرّك مع الخالق ليس مع مخلوق، وفي الاحتفاظ بأسرارك متعة كبيرة وراحة عظيمة لأنك أدركت عواقبه، فجميع الناس لا يُفسدون ما لا يعرفون لذلك كن مع الله فهو الذي يُصلح كل شيء ولا تلتفت لمخلوق، وهذا يمثل أعظم درس للتعامل الحياتي .

(59)

عليك في التعامل مع الآخرين ترك مشاعر الحب والكراهية جانبًا، ثم ما يتبقى إلّا العقل وهنا تخاطب كل شخص بالحكمة على قدر عقله وهنا حكمت تعاملك معه وردّ الفعل بتعامله معك، وعند ذلك تحققت الحدود فاحترمت نفسك واحترمت الآخر، فإن كان مُحبًا صادقًا ملكته مع مراعاة الحدود، وإن كان كارهًا حكمت شرّه وعليك بالتغافل والتجاهل كثيرًا ولا تُعطي اهتمامًا إلّا لمَن يُحدّثك تعامل معه بالحكمة على قدر عقله، وعند ذلك تسلم من البشر فلا تنطق إلّا كلمة طيّبة مع الجميع فلا تنل إلا السلام النفسي .

(60)

حقيقة أفضل علاج للتفكير الزائد هو طرد الأفكار السلبية وترك كل شيء لحينه عن طريق تنظيم الوقت، وعمل خطط ورقية وجعل وقت للتفكير ووقت للترفيه ووقت للعمل، والتزام وقت العبادات، والاهتمام بتطوير الذات وقراءة الكتب وتسليم الأمر لله تسليمًا مُطلقًا، فهناك اعتقاد خاطئ عند بعض الناس أنهم يظنون أن شيئًا يُسمى الصدفة هذا عند مَن ينكرون وجود الله، أمّا المؤمنون فهم يعلمون أن كل حركة للإنسان بحكمة وتدبير، فلو جمعتك الظروف بشخص فاعلم أنها ليست صدفة بل بحكمة ولحكمة، وإذا نويت شيئًا خيرًا فلو فعلته فاعلم أنه سيُحقق على ما نويت به ما دُمت مؤمنًا بالله وبحكمته وتدبيره، فكان فعله لحكمة وبحكمة وتدبير الله.

 ∘∘∘∘∘∘∘∘∘∘∘∘∘∘∘∘ أسماء محمد الكواملة ∘∘∘∘∘∘∘∘∘∘∘∘∘∘∘∘

(61)

قوة الإنسان الحقيقية تتمثل في النظر لكل الأمور بالعقل والعاطفة معًا، فإذا التزمت العاطفة فقط أو العقل فقط تضعف، وصدق الإنسان يجعل عقله محل التعقل، ونفسه وقلبه وهما محلا العاطفة متفقين في آنٍ واحد على الإيمان بالله، وتلك هي السويّة لذلك نقول "المؤمن القويّ خيرًا وأحبّ إلى الله من المؤمن الضعيف".

الشخص الطيب أسعد إنسان فهو يعشْ مرتاح البال هادئ النفس لا يحمل هم عداوة أو كراهية وإن كان في خطر يُنقذه الله منه، فهو لا خوف عليه ولا حزن، فمستحيل أن يُغيّر طيبته وهو بها أسعد إنسان وإن حاول الآخرين مقاومته على تغييره لا يستطيعون فقلبه يُنكر لأن فطرته هكذا، فلا يجد نفسه ولا يشعر بحياته إلّا في طيبته فهو ليس ساذجًا بل إن الله يُذكّيه ويرعاه بعنايته ومعيّته، فلما تراه ساذجًا!!

(63)

قال الله سبحانه وتعالى في سورة يوسف "لقد كان في يوسف وإخوته آيات للسائلين"

وحقّ قول الله عزّ وجل "قال يا بني لا تقصص رؤياك على إخوتك فيكيدوا لك كيدًا إن الشيطان للإنسان عدو مبين"

حقًا أعظم فتنة هي فتنة الأهل لذلك حذّرنا الله منها قبل أن تحدث.

(64)

الشخص السويّ إن أخبرك بأمر غريب غير سويّ اكتشفه في نفسه اعلم حينها أنه بدأ في تغييره جذريا، لأن سويّته تُحتّم عليه ألّا يقلْ ما لا يفعل، فاعلم أن النيّة السليمة تكشف حقيقة الآخرين فالخوف من الله يكفي، والصدق خير نجاة فالدنيا تدور بسرعة والآخرة أقرب مننا بخطوة.

(65)

الشخصية القوية التي تتميز بالهدوء والتروّي، والتحمل وعدم السلبية بل هي شخصية إيجابية تلتزم بالإيجاب فقط وتجتنب السلبيات، فالقوة الحقيقية في تقوى الله التي تسكن قلوب المُتقين كفيلة بأن تجعلك لا تتأثر بالفتن والإغراءات أيّا كانت هي لأن حينها أنت ترتدي لباس التقوى فلا يُصيبك ضرر حتى لو كنت مُحاط بكافة صور الفتن، فأنت لديك وقاية عن كل ما يُغضب الله عزّ وجل، وهذه التقوى هي صدق الخوف من الله في الظاهر والباطن أي نشاط الضمير، فالسويّة تتمثل في أن حب الله ورسوله فوق حب النفس، فصدق حبك لهم يجعلك تحب ما يُحبون وتكره ما يكرهون وهو اتباع الأوامر واجتناب النواهي، وهذه هي تقوى القلوب التي تُعظّم شعائر الله صدقًا وإخلاصًا حبًا وقربًا رغبة ورهبة.

(66)

اليقين بقدرة الله بعدم الحسد ترد عين الحاسد خاسرة بدون إصابة، فكن على يقين بالله ولا تلتفت لكل حاسد، فالأمر بيد الله وحده فمَن يتيقن في الله لا يخذله، ولا تعتقد أن كل ما يُصيبك بسبب الحسد فقد قال تعالى "قل لن يُصيبنا إلّا ما كتب الله لنا" فإصابة الله تختلف عن إصابة عين الحاسد، فعين الحاسد لا أثر لها أمام يقينك بالله بعدم الأثر، فلا تسمع لمَن ينسب كل إصابة أثّرت به بسبب الحسد فهذه عدم سويّة، وعندما تتخلّى عن تلك الأفكار السلبية تعش حياة سويّة مطمئنًا لا تخشى إلّا الله.

(67)

إذا أردت ذاتيًا التغيير إرادة قوية قطعًا ستتغير، فلو كنت في أشد حزن وأردت الخروج منه بعزيمة ثابتة لا تراجع فيها حتمًا خلال ثانية واحدة ستتحول إلى السعادة.

(68)

ما في يد الإنسان هي كرامته أمّا الحب والصحة والمال فكلها أمور بيد الله، فعليك أن تحافظ على ما في يدك، أمّا ما في يد الله "فإنا لله وإنا إليه راجعون" ولكن مع أخذك بالأسباب في الحفاظ عليها، فما قدّره الله لك فهو لك فإذا حافظ الإنسان على ما في يده شعر بوجوده، وإذا كانت كل الأمور بيد الله فهي نعمة الوجود ذاتها، فهناك فرق كبير بين أن تشعر بوجودك وبين نعمة الوجود ذاتها، فلنحمد الله على نعمه التي بها نستمد الشعور بالوجود، ويكأن الأمور التي بيد الله هي سبب كبير في تكريمه، فنقول التكريم بيد الله كما قال الله عزّ وجل "ولقد كرّمنا بنى آدم" فهذا يؤكد أن كل إنسان في الكون مُكرّم لكن هناك مَن يفقد كرامته ومَن يُحافظ عليها، فالمؤمن طبيعيًا مُكرّم بالله فطرته لا تقبل غير ذلك تفعيلًا وليس قولًا مهما حاولوا إهانته، والفاسق مُهان بالله طبيعيًا فطرته تقبل ذلك تفعيلًا أيضًا حتى لو ادّعى الكرامة، مما يؤكد أن كرامتك في طاعة الله، فإن عصيته فقد أهنت نفسك وفقدت كرامتك، فإذا أردت الكرامة فسرْ على شرع الله، فإن خالفت فقد فقدت كرامتك فالإنسان بيده كرامته كما بيده إهانته وهو حر الاختيار.

 ⟡⟡⟡⟡⟡⟡⟡⟡⟡⟡ أسماء محمد الكواملة ⟡⟡ ⟡⟡⟡⟡⟡⟡⟡⟡⟡⟡⟡⟡

(69)

هل تعلم أن أكثر من نصف عباقرة العالم كانوا في نظر العالم انطوائيون أمثال ألبرت آينشتاين ونيوتن يُطلق عليهم العلماء مصطلح "الانطوائيون الخارقون" دعني أقول لك أن ليس كل إنسان يبتعد عن الناس أنه سيء قد يكون يبتعد عن أصحاب السوء، وليس كل إنسان ينخرط مع الناس أنه جيد قد يكون يُجالس أصحاب السوء، فقد يكون المنبسط سيء وقد يكون جيد وكذلك الشخص المنطوي.

(70)

أمر المؤمن كله خير فالخير فيما قدّره الله، فالبلاء خير وانكشافه خير، فربما الصبر على البلاء يُزيدك رفعة عند الله فيزيد قدرك في الدنيا والآخرة، لكن على الإنسان تقبّل قضاء الله والرضا بما قدّره فما بعد الصبر إلّا الجبر، والإنسان يُخطئ ويُصيب قد لا يفهم حكمة الله من الابتلاء فيحزن، لكن عندما ينكشف البلاء يُدرك رحمة الله فيفرح، فيتيقن أن أمر المؤمن كله خير فإن أصابته سرّاء شكر فكان خيرًا له وإن أصابته ضرّاء صبر فكان خيرًا له، فالله هو ربّ الخير فعلى الإنسان أن يتقبل قضاء الله وقدره كما هو.

 ∘∘◦◦◦◦◦◦◦◦◦◦◦ ◦◦◦ أسماء محمد الكواملة ∘∘ ◦◦◦◦◦◦◦◦◦◦◦◦◦

(71)

النفس المتسامحة فطريًا لا تُجيد ولا تُحب الانتقام مُطلقًا بل تتألم لألم الغير، تغفر برضا تام فهي نفس سريعة التصالح سريعة المغفرة، فالنفس الصادقة لا تؤذي مُطلقًا مهما كان فهي مَن سلِم المسلمون من لسانها ويدها، تُحب السلام خاصّة مع الصادقين المُحبين فكيف يصدق الحب ولا يوجد الغفران والتماس الأعذار، هي نفس لها مبدأ صادق "أنا أمان فهو دليل الإيمان" تتمتع بلين القلب لا يقوى على القسوة مهما حدث، فهي تُدرك أننا جميعًا نخضع لابتلاء الله إن أصابها مكروه فهي مُثابة بالأجر فلما الانتقام وقد نالت المقابل، إلاَّ في حالة عدم المقدرة كأن يكون أخذ الحق فمراعاة الحقوق أمر مطلوب، أو ضرب على اليد منعا لتفشي الأخلاق السيئة وانتشارها فهنا تحدث مفسدة عامة فيكن لا تسامح هنا وهو جانب التربية المحتومة.

(72)

قد لا تضح لك أمورًا غامضة بينك وبين شخص فتحزن، فعندما تتضح بالخير فعليك أن تفرح، فحينها تتصافى النفوس فتنصلح فعليًا، ويعود الود صادقًا آمنًا كما كان فتشعر بالأمان وكأن هذا الموقف كان لزيادة الأمان وزيادة الثقة والقرب العقلي والقلبي فيزداد الخير، إن الظروف قد تمنع الوضوح لكن القلوب السليمة تتبع النور للوصول إلى الصدق فتصل للأمان حينها تتأكد أن لا أحد يُفرق بين القلوب الصادقة حتى وإن ظننت غير ذلك، فمهما حدث لا تُباعد بين القلوب الصادقة التي تواعدت على الصدق فيما تقول، وهذه بشرى الأمان والاطمئنان.

(73)

السعادة الحقيقة هو أن تطبق شرع الله وتشتري رضا الله وحده، وأن تعشْ مع أناس يدعون ربهم بالغداة والعشي يريدون وجه الله، حينها ستشعر أنك تملك الدنيا وإن اشتد الابتلاء عليك فاعلم أنه يُريد أن يُشعِرك ويجعلك تتذوق نعمة السعادة الحقيقية، فعندما تريد الشيء بقوة فإنه عندما يأتيك تشعر بقيمته فالله لا يُريد بنا إلّا الخير سبحانك يا الله فهو الله لا إله إلا هو "فإن مع العسر يسرا* إن مع العسر يسرا".

(74)

من صفات الإنسان المتسامح عندما يغضب ويحزن من ضغط الآخرين لا يُبادل بنفس الأسلوب، فإن استمر الأذى تجده يبتعد عن تلك الأشخاص ويتجاهل آذاهم حتى لا يتألم، فعندما يتوقفوا عن الأذى فقط تلقائيًا وطبيعيًا يتناسى ويتكيّف مع الوضع الجديد بتسامح تام، فهو يُشفق على الآخرين ويلتمس لهم العذر فيعلم أنه قد يكون هذا الفعل بجهالة أو سهو أو نسيان أو عدم تعمّد الأذى أو عدم إدراك بك، ويُدرك أن الحياة لا تستحق صراع فعندما تُسامح شخصًا لا تذكره بما وقع منه بقصد أو غير قصد إن أبدى لك حاليًا أمور فيه خير لك تناقض ما قد وقع منه، فالتغافل هنا رُقيّ فأنت تُؤجر وتنلْ خيرًا وهو لا يتأذى، فإذا ذكّرته تُؤنّبه فتألمه وفي هذه الحالة ستحتاج له أن يُسامحك وأنت لا تشعر، فالخير في التغافل وبهذا حققت السلام الداخلي والخارجي فأنت في اطمئنان وأمان وهو لا يتأذى، فالتمس له عذرًا ولعلّك لا تعرف هذا العذر وأحسن الظن به فقد تكون نيّته طيّبة، وأراد أن يعرف جوهرك ليرى حقيقتك فلذلك أبدى لك الخير فيما بعد، فحقًا الحياة أصبحت مليئة بالتزييف فهناك مَن يدعي الاستقامة وهو عنها يحيد، فقوله يناقض فعله وقد يتظاهر بالخير ولكنك تعرف هذا في لحن القول، وهذه فئة المخادعين أعاذنا الله منهم وهم في كل زمان فهم حزب الشيطان، فالله ورسوله لا يُحبون تلك الفئة فهم لا يخادعون إلّا أنفسهم وما يشعرون جزاءهم عند ربهم بما كانوا يفعلون، فكن حكيمًا في تعاملاتك مع السويّ ومع المُخادع.

(75)

إذا أردت أن يُدبر الله لك أمرًا وإن ضاق فكرك فوسعه بما قال وليّ التدبير بأن تعرف الأخذ بالأسباب، فلا تقف مُقيّد الأكتاف دون سعي فإن لم تسع لن تحصل على ما تُريد وهذا ما قاله المُدبر لكل الأمور "وأن ليس للإنسان إلّا ما سعى وأن سعيه سوف يُرى".

المبحث الثالث

تأملات قرآنية

"القرآن هو علم الأولين والآخرين، ليس المراد من المسلم أن يحفظ القرآن كشريط تسجيل بل عليه حفظ ما أمرنا الله به وما نهانا عنه تطبيقًا وفهمًا وتدبرًا، وهنا تستنبط منه علوم فالهدف الحفظ عملًا به وتطبيقًا، وهذا دليل على مراعاتك له وتعظيمك لهذا الكتاب فقد قرأته وعملت به وهذا هو التدبر"..

(76)

الله "رب العالمين - الرحمن الرحيم - مالك يوم الدين"

رب العالمين: هو الذي يُطعمنا ويسقينا وهو الذي يشفينا عند المرض وهو الخالق والرازق لنا، فهو يتولّى أمورنا كلها بالتربية من احتياج للطعام والشراب والعلاج، ثم يُهيئ لنا طريق الحرية والإرادة بعد أن نضج العقل ورشدت النفس ليؤكد لنا أنه هو الرب الذي يستحق أن يُعبَد فهو وحده لا شريك له الذي جعل كل شيء حيّ فهو ربّ كل شيء أي خالق كل شيء فهو الأول قبل كل شيء والآخر ليس بعده شيء، فلذلك هو ربّ كل شيء رب العالمين.

الرحمن الرحيم: الرحمة قُسِمت منها جزء صغير في الدنيا وجزء كبير في الآخرة، فهو رحمان بأهل الدنيا ورحيم بأهل الآخرة يوم القيامة، والرحمة سرّ الحياة في الدنيا والآخرة، ففي الدنيا رحمة لكي يظل الخلق ولا يتعدى إنسان على إنسان بالقتل فتموت كل المخلوقات فتنتهي الحياة الدنيا، وكذلك يوم القيامة هناك رحمة خاصة بالمؤمنين فيُصبحوا أصحاب الحياة الحقّة الدائمة، ومن هنا نقول الرحمة سر البقاء والله وحده هو الرحمن الرحيم مما يؤكد أنه الباقي دائمًا أبدًا.

مالك يوم الدين: ولكونه إله واحد فهو الذي بيده مقاليد كل شيء ففي هذا اليوم ليس المُلك لأحد فقد ملك الإنسان أشياءً في الدنيا ثم ورثها لمَن بعده أمّا اليوم كل بيد الله وحده لا شريك له، ثم يُعطي فضله لعباده المؤمنين المُتّقين الصادقين فيورثهم دار الخلود الجنة، أمّا أهل النار سيرثون النار لأن ليس لهم نصيب من الرحمة في الآخرة بل لهم عذاب والحكم لله وحده، والوزن يومئذٍ الحق لا ظلم اليوم كل سيأخذ حقه بالعدل فمَن خصّ الله بالعبادة وحده واستعانة

به فسيهديه الصراط المستقيم في الدنيا والآخرة، فنقول لمَن الملك اليوم لله الواحد القهار.

(77)

لا إله إلا الله "الدائم الباقي ـ مالك كل شيء ـ أحاط علمه بكل شيء"

الدائم الباقي : فهو الحيّ القيوم الذى لا تأخذه سنة ولا نوم.

مالك كل شيء: له ما في السماوات وما في الأرض، لا شفيع إلّا مِن بعد إذنه.

أحاط علمه بكل شيء : يعلم ما بين أيدي المخلوقات وما خلفهم ولا يُحيطون بشيء من علمه إلّا بما شاء وسع كرسيّه السماوات والأرض ولا يَؤوده حفظهما وهو العليّ العظيم.

(78)

البر "إيمان وتقوى - إنفاق وزكاة - وفاء وصبر"

إيمان : مَن آمن بالله واليوم الآخر والملائكة والكتاب والنبيين،
والبر مَن يتقي الله ويأتي البيوت من أبوابها ليس خفْية أي بما أمرنا
الله به ليس مخالفة احتيالًا، بل اعترافًا بحرمة البيوت وهو دليل
الصدق والتقوى.

إنفاق : مَن آتى المال على حبه ذوي القربى واليتامى والمساكين
وابن السبيل والسائلين وفي الرقاب وأقام الصلاة وآتى الزكاة.

وفاء وصبر : مَن يُوفي بعهده إذا عاهد وهو الصابر في البأساء
والضراء وحين البأس أولئك الذين صدقوا وأولئك هم المتقون.

(79)

المهتدون "المتقون ـ المؤمنون – المحسنون"

المتقون: الذين إذا مسّهم طائف من الشيطان تذكّروا أمر الله ونهيه فإذا هم مبصرون، فهم يؤمنون بالغيب ويُقيمون الصلاة ويُنفقون مما رزقهم الله، يؤمنون بكل الرسل ولديهم إيمان ويقين بالآخرة.

المؤمنون : الذين إذا ذُكِر الله وَجِلت قلوبهم وإذا تُلِيت عليهم ءاياته زادتهم إيمانًا وهم على ربهم يتوكلون، الذين يقيمون الصلاة ومما رزقهم الله ينفقون، فهم المؤمنون حقًا لهم درجات عند ربهم ومغفرة ورزق كريم فهم الذين جاهدوا في سبيل الله وءاووا ونصروا الله ورسوله، الذين يأمرون بالمعروف وينهون عن المنكر ويُطيعون الله ورسوله فوعدهم الله بالرحمة والجنات التي تجري من تحتها الأنهار خالدين فيها ومساكن طيبة في جنات عدن ورضوان من الله أكبر ذلك هو الفوز العظيم، هم التائبون العابدون الحامدون السائحون الراكعون الساجدون الحافظون لحدود الله، هم المفلحون الذين في صلاتهم خاشعون والذين هم عن اللغو معرضون والذين هم لفروجهم حافظون إلّا على أزواجهم فإنهم غير ملومين والذين هم لأمناتهم وعهدهم راعون، فأولئك هم الوارثون الذين يرثون الفردوس هم فيها خالدون، فهم يجتنبون كبائر الإثم والفواحش وإذا ما غضبوا هم يغفرون والذين استجابوا لربهم وأمرهم شورى بينهم، وإذا أصابهم البغي هم ينتصرون وهم الذين إذا ذُكِّروا بآيات الله خرّوا سجدًا وسبّحوا بحمد ربهم لا يستكبرون عن عبادته، تتجافى جنوبهم عن المضاجع يدعون ربهم خوفًا وطمعًا ومما رزقهم الله ينفقون، فلا تعلم نفس ما أخفى لها من قرة أعين جزاء بما كانوا يعملون، فهم لا خوف عليهم ولا هم

يحزنون ويدخلون الجنة هم ونساءهم الصالحات يُطاف عليهم بصحاف من ذهب وأكواب وفيها ما تشتهي الأنفس وتلذ الأعين وهم فيها خالدون ويُورثوا الجنة ولهم فيها فاكهة كثيرة ومنها يأكلون.

المحسنون :الذين أحسنوا الحسنى وزيادة، الذين يجتنبون كبائر الإثم والفواحش إلّا اللمم ما يُحيطهم من غير قصد فإن ربك واسع المغفرة، فهم أصحاب النفوس الطيبة الزكية.

(80)

المقربون "الصادقون – الصالحون – السابقون"

الصادقون: الذين يبتغون فضلًا من الله ورضوانًا، هم الذين ينصرون الله ورسوله فهم آمنوا بالله ورسوله ثم لم يرتابوا وجاهدوا بأموالهم وأنفسهم في سبيل الله.

الصالحون: الذين آمنوا وعملوا الصالحات هم الذين سيجعل لهم الرحمن ودًّا، ولهم الدرجات العلى ولا يخافوا ظلمًا ولا هضمًا فلهم جنات الفردوس نزلًا خالدين فيها لا يبغون عنها حولا، فمَن عمل صالحًا من ذكر أو أنثى وهو مؤمن فأولئك يدخلون الجنة ويُرزَقون فيها بغير حساب، فهم الذين سيدخلهم ربهم في رحمته فذلك هو الفوز المبين فهم آمنوا بالذي أُنزِل على محمد وكل الرسل بأنه الحق من عند ربهم، فكفّر الله عنهم سيئاتهم وأصلح بالهم.

السابقون : أولئك المقربون في جنات النعيم ثُلّة من الأولين وقليل من الآخرين على سرر موضونة في الجنة، متّكئين عليها متقابلين يطوّف عليهم ولدان مُخلّدون بأكواب وأباريق وكأس من مَعين من عند الله لا يصدعون عنها ولا ينزفون، وفاكهة مما يتخيّرون ولحم طير مما يشتهون وحور عين كأمثال اللؤلؤ المكنون جزاءً بما كانوا يعملون، لا يسمعون فيها لغوًا ولا تأثيمًا إلّا قيلَا سلامًا.

(81)

المُنيبون "عمل صالح ـ هدى ـ اطمئنان"

عمل صالح : مَن يمتلك قلب مُنيب هو صاحب الفطرة السليمة المُهتدية بالله المُطيعة أمره المجتنبة نهيه، يعود إلى الله دائمًا بالاستغفار وطلب عفوه ومغفرته، فهو من الذين آمنوا وعملوا الصالحات وأخبتوا إلى ربهم طوبى لهم وحُسن مآب، فصاحب القلب المُنيب في أمان في الدنيا والآخرة فهو القلب السليم.

هدى : الذين يهديهم الله ويصلح بالهم فقد صلح القلب فكان دليلًا على صلاح النفس فاستقر الإيمان في القلب فكتب الله في قلوبهم الإيمان وأيّدهم بروح منه وأصلح لهم كل شيء، فلا خوف عليهم ولا هم يحزنون في الدنيا والآخرة.

اطمئنان : الذين آمنوا وتطمئن قلوبهم بذكر الله ألا بذكر الله تطمئن القلوب، فذكر الله إنابة إلى الله وإحياء القلوب بالذكر هو السبيل للوصول للقلب المُنيب السليم الذي يُدرك أنه ملاقي الله.

(82)

المُخلصون "أصحاب اليمين ـ أصحاب الميمنة خير البريّة"

أصحاب اليمين : في سلام وأمان داخل دار السلام عليهم رضا من الله ورضوانًا في الدنيا والآخرة، وهم أصحاب الجنة لا خوف عليهم ولا حزن.

أصحاب الميمنة : في سدر مخضود وطلح منضود وظل ممدود وماء مسكوب وفاكهة كثيرة لا مقطوعة ولا ممنوعة وفرش مرفوعة أنشأها الله إنشاءً، وجعل لهم حور عين أبكارًا عُربًا أترابًا لأصحاب اليمين "ثُلّة من الأولين وثُلّة من الآخرين" فهم الذين آمنوا وتواصوا بالصبر وتواصوا بالرحمة وتواصوا بالحق.

خير البرية : الذين ءامنوا وعملوا الصالحات جزاءهم عند ربهم جنات عدن تجري من تحتهم الأنهار خالدين فيها أبدًا رضى الله عنهم ورضوا عنه ولا يلقى الرضا والرضوان إلّا مَن خَشى ربه.

(83)

المخبتون الصابرون - "الخاشعون - المصلون" المُخبتون: الذين إذا ذُكِر الله وَجِلت قلوبهم والصابرون على ما أصابهم والمُقيمي الصلاة ومما رزقهم الله ينفقون.

الخاشعون : الذين يظنون أنهم مُلاقوا ربهم وأنهم إليه راجعون وهم الصابرون الذين يُقيمون الصلاة.

المُصلّون : الذين هم على صلاتهم دائمون، والذين في أموالهم حق معلوم للسائل والمحروم، والذين يُصدقون بيوم الدين والذين هم من عذاب ربهم مشفقون، والذين هم لفروجهم حافظون إلّا على أزواجهم فإنهم غير ملومين، والذين هم لأماناتهم وعهدهم راعون والذين هم بشهادتهم قائمون، والذين هم على صلاتهم يحافظون أولئك في جنات مُكرمون.

(84)

أولوا الألباب "ذكر الله والتفكر في خلقه ـ خشية الله والصبر ـ الوفاء بالعهد والميثاق"

ذكر الله والتفكّر: الذين يذكرون الله قيامًا وقعودًا وعلى جنوبهم، التفكر.. يتفكرون في خلق السماوات والأرض ربنا ما خلقت هذا باطلًا سبحانك.

خشية الله : الذين يصلون ما أمر الله به أن يُوصل ويخشون ربهم ويخافون سوء الحساب الصبر.. الذين صبروا ابتغاء وجه ربهم وأقاموا الصلاة وأنفقوا مما رزقهم الله سرًّا وعلانية ويدرءون بالحسنة السيئة أولئك لهم عُقبى الدار.

الوفاء بالعهد والميثاق : الذين يوفون بالعهد ولا ينقضون الميثاق، فإن العهد كان مسئولًا يخافون يومًا كان شره مستطيرًا يُحلق بأهل الشر.

(85)

دعاء أولوا الألباب "الوقاية من عذاب النار ـ المغفرة وتكفير السيئات ـ ألّا يخزيهم الله يوم الميعاد"

الوقاية من عذاب النار : ربنا إنك مَن تُدخِل النار فقد أخزيته وما للظالمين من أنصار.

المغفرة وتكفير السيئات : ربنا إننا سمعنا مناديًا يُنادي للإيمان أن آمنوا بربكم فأمنّا ربنا فاغفر لنا ذنوبنا وكفّر عنّا سيئّاتنا وتوفّنا مع الأبرار.

ألّا يخزيهم الله يوم الميعاد : ربنا وآتنا ما وعدتنا على رسلك ولا تُخزنا يوم القيامة إنك لا تُخلف الميعاد.

(86)

أولياء الله "حزب الله ـ أصحاب الجنة ـ الصدّيقون والشهداء والصالحون"

حزب الله : قومًا يؤمنون بالله واليوم الآخر لا يوادّون مَن حادّ الله ورسوله ولو كانوا آباءهم أو أبناءهم أو إخوانهم أو عشيرتهم أولئك كُتِب في قلوبهم الإيمان وأيّدهم بروح منه، ويُدخلهم جنات تجري من تحتها الأنهار خالدين فيها رضى الله عنهم ورضوا عنه، فأولئك هم المُفلحون.

أصحاب الجنة الخالدين فيها : الذين آمنوا وعملوا الصالحات ما استطاعوا وقدر وسعهم، وقد نزع ما في صدورهم من غلّ إخوانا، الذين قالوا ربنا الله ثم استقاموا أولئك أصحاب الجنة خالدين فيها، الذين إذا أصابتهم مصيبة قالوا إنا لله وإنا إليه راجعون، وأولئك عليهم صلوات من ربهم ورحمة، فهم ينفقون أموالهم ليلًا ونهارًا سرًا وعلانية، وهم الذين آمنوا وعملوا الصالحات وأقاموا الصلاة وآتوا الزكاة، والذين ينفقون أموالهم في سبيل الله ثم لا يتبعون ما أنفقوا منًّا ولا أذى فلهم أجرهم عند ربهم.

الصدّيقون والشهداء عند ربهم والصالحون: الذين آمنوا بالله ورسله فقد أطاعوا رسُلهم وأنبيائهم واتبعوا النور الذي أنزله الله من كُتب سماوية التي بشّرت بالنور الذي سينزل على محمد وهو القرآن الكريم، فهم يُحشرون يوم القيامة مع الأنبياء والصالحين، فلهم أجرهم ونورهم يوم القيامة.

(87)

فريق الآخرة "المفلحون - المضعفون - القوم الذين يُحبهم الله ويحبونه"

المُفلحون : الذين آمنوا وهاجروا وجاهدوا بأموالهم وأنفسهم في سبيل الله هم الفائزون، أمة يدعون إلى الخير ويأمرون بالمعروف وينهون عن المنكر، الذين يتقوا الله ما استطاعوا ويطيعوا الله، الذين لا يجدون في صدورهم حاجة مما أوتوا ويؤثرون على أنفسهم ولو كان بهم خصاصة يوقون أنفسهم من شح النفس بالصدقة فأولئك هم المفلحون.

المُضعفون : الذين يؤتون الصدقات والزكاة يُريدون وجه الله فلا يربوا في أموال الناس فيؤمنون بأن الله يُربي الصدقات ولكنه يمحق الربا.

القوم الذين يُحبهم الله ويُحبونه: الذين يجاهدون في سبيل الله لا يخافون لومة لائم ذلك فضل الله يؤتيه مَن يشاء والله واسع عليم، هم أذلّة على المؤمنين أعزّة على الكافرين، فقد اشترى الله منهم أنفسهم وأموالهم بأن لهم الجنة ربح البيع حتمًا ألا إن سلعة الله غالية، فهم الذين سيجعل لهم الرحمن ودًّا، ولهم الدرجات العُلى عند ربهم.

 ○○○○○○○○○○○○○○○○○○ أسماء محمد الكواملة ○○ ○○○○○○○○○○○○○○○○○○

(88)

نساء ضرب الله بهن مثلًا "امرأة نوح وامرأة لوط – امرأة فرعون - مريم ابنة عمران"

امرأة نوح وامرأة لوط: كانتا تحت عبدين من عباد الله الصالحين الأنبياء فخانتهما بالكفر وعدم الإيمان بالله، وموافقة قومهم على ضلالهم فلم يُغنيا عنهما من الله شيئًا وقيل ادخلا النار مع الداخلين.

امرأة فرعون: امرأة ضرب الله بها مثلًا للذين آمنوا، قالت ربّ ابني لي عندك بيتًا في الجنة ونجّني من فرعون وعمله ونجني من القوم الظالمين.

مريم ابنة عمران: التي أحصنت فرجها ونفخ فيه الله من روحه بواسطة الملك تبشيرًا بعيسى، وهي الصدّيقة صدّقت بكلمات ربها وكُتبه وكانت من القانتين.

(89)

وصايا لقمان لابنه "تهذيب علاقته مع الله ـ تهذيب علاقته مع الناس ـ تهذيب علاقته مع نفسه"

تهذيب علاقته مع الله : قائلًا له أقم الصلاة، وأمر بالمعروف، وأنه عن المنكر، واصبر على ما أصابك إن ذلك من عزم الأمور.

تهذيب علاقته مع الناس: لا تُصعّر خدّك للناس بالتكبر، ولا تمشِ في الأرض مرحًا مختالًا، إن الله لا يحب كل مختال فخور.

تهذيب نفسه :اقصد في مشيك، واغضض من صوتك، إن أنكر الأصوات لصوت الحمير.

مَن عرف نفسه فقد عرف الله أولًا، فأصلح الله ما بينه وبين الناس وهذّب له نفسه.

من الناس المؤمنين "مَن يُريد الدنيا، ومَن يُريد الدنيا والآخرة معًا ـ مُنافق مُحب للباطل ـ صادق يبتغي وجه الله"

مَن يريد الدنيا : يقول ربنا آتنا في الدنيا لكنه ما له في الآخرة من خلاق ليس له نصيب.

مَن يريد الدنيا والآخرة معا : يقول ربنا آتنا في الدنيا حسنة وفي الآخرة حسنة وقنا عذاب النار.

كلاهما لهما نصيب مما كسبوا والله سريع الحساب.

مُنافق مُحب للباطل : الذي يُعجبك قوله في الحياة الدنيا ويشهد الله على ما في قلبه وهو ألد الخصام، وإذا تولَّى سعى في الأرض ليُفسد فيها ويهلك الحرث والنسل والله لا يحب الفساد، وإذا قِيل له اتقِ الله أخذته العزة بالإثم فحسبهم جهنم ولبئس المهاد.

صادق يبتغي وجه الله : من الناس مَن يشري نفسه ابتغاء وجه الله، فإن الله اشترى منهم أنفسهم وأموالهم بأن لهم الجنة، فسلعة الله غالية.

فيقول الله للناس المؤمنين كافة "يا أيها الذين آمنوا ادخلوا في السلم كافة ولا تتبعوا خطوات الشيطان إنه لكم عدو مبين"

أي ادخلوا في الإسلام واتبعوا تعاليمه ولا تتبعوا طرق الشيطان.

(91)

الشيطان "الرجيم ـ الوسواس ـ الخناس"

الرجيم : المطرود من رحمة الله تعالى ويريد أن يطرد بني آدم من الرحمة مثلما طُرِد من رحمة الله فقد لعنه الله عزّ وجل، فأقسم بإغواء آدم وذرّيته حقدًا وحسدًا، فهو لا يريد الخير أبدًا لبني آدم وقد أعلمنا الله أنه عدو مبين لبنى آدم، فهو الرجيم المرجوم.

الوسواس : فهو الذي يأتي عن اليمين وعن الشمال ليوسوس بالشر لبني آدم، لِيُوقع بينه وبين خالقه وبينه وبين الناس، فما يُريد إلّا الشقاء لبني آدم فقد حسد آدم وحقد عليه فأخرجه من الجنة حقدًا ليغويه ويُضلّه عن سبيل الله فيعصي الله ويُغضبه حتى يجعل له حزبًا ولكن حزب الله هم الغالبون، لأنه تكبر والتكبر يعني منازعة لله في كونه إله، لذلك هو عدو لله وللناس ولكنه علم أنه سيكون هناك مُخلصون فعلم أنه لن يستطيع إغواءهم، فقال لأتخذن من عبادك نصيبًا مفروضًا بالإغواء والإضلال لِيُوقعهم في النار عداوة وحسدًا، فقال الله عزّ وجل سيملأ جهنم به ومَن يتبعه من الناس والجان أجمعين.

الخناس: الذي يخنس عند ذكر الله خوفًا منه لأنه يعلم أن الله هو القادر عليه، فالاستعاذة بالله تجعله يخاف ويهرب لأنه يعلم قدرة الله عليه كعدو، فهو مطرود من الرحمة في الدنيا والآخرة، ويعلم أنه إذا حاول أن يتكبر مرة أخرى تكبر الخروج من كونه عبدًا فلا يأمن مكر الله ربما جعل له مصيرًا آخرًا.

(92)

المشركون "المقتسمون - المستهزءون - المجرمون"

المقتسمون : الذين قسّموا كتبهم أقسامًا وجعلوه عضين أي أجزاء متفرقة وهو التحريف.

المستهزءون : الذين يجعلون مع الله إلهًا آخر، مستهزءين بهم ويصفوهم بالسفهاء لكن في الحقيقة هم السفهاء المخادعون، مذبذبين إذا قابلوا المؤمنين قالوا آمنا وإذا خلوا إلى شياطينهم قالوا إنّما نحن معكم، ولكن الله يستهزأ بهم فيمدّهم في طغيانهم يعمهون.

المجرمون : لا يأتيهم من رسول إلّا كانوا به يستهزءون، ولا يؤمنون برسول الله وقد خلت سُنّت الأولين فلم يكن بدعًا من الرسل، ولكنهم يُفرقون بين الرسل ويؤمنون ببعض ويكفرون ببعض.

الضالون "المكذبون - المشركون – الكافرون"

المُكذبون : الذين يُكذبون بالدين ويوم الدين وما يكذب به إلّا كل معتد أثيم وإذا تتلى عليهم ءايات الله قالوا أساطير الأولين فاستولى الكفر على قلوبهم وطمسها، فهم عن ربهم يومئذٍ لمحجوبون لن يروا الله فليس لهم قيمة، فهم لداخلون الجحيم ثم يُقال لهم هذا يومكم الذي كنتم به تكذبون، فهم كانوا يدعون اليتيم ولا يُكرموه ولا يُحاضون على طعام المسكين، ويأكلون التراث أكلًا لمّا ولا يُعطوه للمستحقين، ويحبون المال حبًا جمًّا حب عبودية وزهوًا بالحياة الدنيا وحبًّا لمتعها الفانية وإن كان الطريق غير آمن وغير سليم.

المشركون : الذين كفروا بعد إيمانهم ثم ازدادوا كفرًا بعد رؤية البيّنات فلن تُقبل توبتهم، فهم الذين استحبوا الحياة الدنيا على الآخرة بل ويصدون عن سبيل الله، ويبغون الاستقامة عوجًا، فأعمالهم كرماد اشتدت به الريح في يوم عاصف فلا يقدرون مما كسبوا على شيء، أعمالهم هباءً منثورًا.

الكافرون :فهم الذين يعبدون غير الله ويستروا تلك الحقيقة وهي وجود الله عز وجل، فهم لن يعبدوا الله فقال لهم رسول الله لكم دينكم ولي دين، وإن كان الدين عند الله الإسلام، ومَن يبتغي غير الإسلام دينًا فلن يُقبل منه، فهم الذين كذبوا بآيات الله واستكبروا عنها، هم بالآخرة كافرون، فهم الكفرة الفجرة فوجوههم يوم القيامة عليها غبرة ترهقها قترة، فهم الذين ارتدوا عن أدبارهم من بعد ما تبيّن لهم الهدى الشيطان سوّل وأملى لهم ذلك بأنهم قالوا للذين كرهوا ما نزّل الله من شيء، سنُطيعكم في بعض الأمر فالله يعلم إصرارهم فكيف إذا توفّتهم الملائكة يضربون وجوههم وأدبارهم ذلك بأنهم اتبعوا ما أسخط الله وكرهوا رضوانه فأحبط أعمالهم، في قلوبهم

مرض ولكن الله يخرج أضغانهم ولو شاء الله لأراكم فلتعرفنهم أيّها الرسول بسيماهم، ولتعرفنهم في لحن القول.

(94)

الخاسرون "المفسدون - المنافقون - الفاسقون"

المفسدون : الذين يقولون ءامنا بالله واليوم الآخر وماهم بمؤمنين، فهم المخادعون لأنفسهم بأنهم صالحون وما يشعرون وليس لله وللمؤمنين، فهم أصحاب القلوب المريضة فزادهم الله مرضًا وختم على قلوبهم فهم السفهاء الذين يجدوا الذين آمنوا قالوا آمنا وإذا خلوا إلى شيطانهم قالوا إنّا معكم إنما نحن مستهزءون، فقد اشتروا الضلالة بالهدى فكانوا هم الخاسرون، مثلهم كمثل الذي استوقد نارًا فبعدما أضاءت ما حولهم بالنور، ذهب الله بهذا النور وتركهم في ظلمات لا يبصرون، صمٌّ بكمٌ عميٌ فهم لا يرجعون، أو كصيّب من السماء فيه ظلمات ورعد وبرق يجعلون أصابعهم في آذانهم من الصواعق حَذَر الموت احتراصا منه والله محيط بالكافرين فأين يذهبون، يكاد البرق يخطف أبصارهم كلما أضاء لهم البرق في الظلمات مشوا فيه وإذا أظلم عليهم قاموا وتوقفوا والله قادر على إذهاب سمعهم وبصرهم.

المنافقون: هم المستهزءون كانوا إذا قيل لهم إن وعد الله حق والساعة لا ريب فيها قالوا ما ندري ما الساعة إن نظن إلّا ظنًّا وما نحن بمستيقنين فبدا لهم سيئات ما عملوا وحاق بهم ما كانوا به يستهزءون فسوف يكون هؤلاء المجرمون ناكسوا رءوسهم يوم القيامة يقولون ربنا ابصرنا وسمعنا فارجعنا نعمل صالحًا إنّا موقنون، لهم عذاب جهنم خالدون فيها لا يُفتَّر عنهم وهم فيه مبلسون وما ظلمهم الله ولكن هم الظالمون، فقد جاءهم الحق ولكن أكثرهم للحق كارهون، فإنهم في العذاب ماكثون يوم يُسحبون في النار على وجوههم ذوقوا مسّ سقر، بل يُعرَفون بسيماهم فيؤخذوا بالنواصي والأقدام، فهم في ضلال وسعر فهم لم يكونوا مع

المصلين ولم يُطعموا المسكين وكانوا يخوضوا مع الخائضين دون تحكيم العقل والعدل والحق، فكانوا يُكذبون بيوم الدين.

الفاسقون: الذين ينقضون عهد الله من بعد ميثاقه ويقطعون ما أمر الله به أن يُوصل ويفسدون في الأرض أولئك هم الخاسرون، فهم الذين يأمرون بالمنكر وينهون عن المعروف ويقبضون أيديهم نسوا الله بأن يذكروه فنسيهم بعدم ذكرهم فلا يُقيم لهم يوم القيامة وزنًا، فينساهم الله كما نسوا لقاء يومهم هذا بألّا يجعل لهم نصيب من الجنة، ووعدهم بنار جهنم خالدين فيها هي حسبهم ولعنهم الله ولهم عذاب مُقيم، فهي مأواهم كلما أرادوا أن يخرجوا منها أُعيدوا فيها وقيل لهم ذوقوا عذاب النار الذي كنتم به تُكذبون، ويُذيقهم الله العذاب الأدنى في الدنيا دون العذاب الأكبر في الآخرة لعلهم يرجعون إلى الله في الدنيا، فيوم القيامة يقولون للمؤمنين انظرونا نقتبس من نوركم قيل ارجعوا وراءكم فالتمسوا نورًا فضُرِب بينهم بسور له باب باطنه فيه الرحمة وظاهره من قبله العذاب، فمَن أشدّ ظلمًا من الذين ذُكّروا بآيات ربهم ثم أعرضوا عنها واتخذوا آيات الله هزوًا وغرّتهم الحياة الدنيا فاليوم لا يخرجون منها ولا هم يُستعتبون إنهم هم المجرمون.

(95)

المذنبون "أصحاب الشمال ـ أصحاب المشئمة شرّ البرية"

أصحاب الشمال :في سَموم وحميم وظلّ مِن يحموم لا بارد ولا كريم إنهم كانوا قبل ذلك مترفين، وكانوا يُصرّون على الحنث والشرك والقسم بغير الله وكل ذلك عند الله عظيم، وكانوا يقولون أئذا متنا وكنا ترابًا وعظامًا إنّا لمبعوثون أو آباؤنا الأولون فيقول الله لرسوله قل إن الأولين والآخرين لمجموعون إلى ميقات يوم معلوم ثم إنكم أيها الضالون المكذبون لأكلون من شجر من زقوم فمالئون منها البطون، فشاربون عليه من الحميم فشاربون شرب الهيم هذا نزلهم يوم الدين.

أصحاب المشئمة: الذين كفروا وكذبوا بآيات الله فسيكون عليهم نارا مؤصدة فهم أصحاب النار خالدين فيها لا يُخفف عنهم العذاب ولا هم يُنظرون.

شرّ البرية :الذين كفروا من أهل الكتاب والمشركين فهم على بيّنة وحجّة واضحة بالدين القيّم، لكنهم استحبوا العمى على الهدى فلذلك هم خالدون في نار جهنم.

(96)

الظالمون "المجادلون ـ الغافلون ـ الخرّاصون"

المجادلون: في آيات الله الذين يجادلون بغير سلطان وعلم آتاهم وهذا كَبُر مقتًا عند الله وعند الذين آمنوا، كذلك يطبع الله على كل قلب متكبر جبّار بعدم الهدى والعذاب العظيم.

الغافلون: الذين لهم قلوب لا يفقهون بها، ولهم أعين لا يُبصرون بها، ولهم آذان لا يسمعون بها أولئك كالأنعام بل أضلّ سبيلًا، هم قوم مؤمنون يسخرون من قوم آخرين فعسى أن يكونوا خيرًا منهم سواء كانوا قوم نساء أو رجال، الذين يتلمّزون بالنفس ويتنابزون بالألقاب، فهذا هو الفسوق بعد الإيمان، الذين اتّخذوا مَن استحبوا الكفر على الإيمان أولياء من دون الله، الذين يتعدّون حدود الله فإن لم يتوبوا فأولئك هم الظالمون، يوم ترى الظالمين لما رأوا العذاب يقولون هل إلى مردّ من سبيل وتراهم يُعرضون عليها خاشعين من الذلّ ينظرون من طرف خفيّ، وتراهم مشفقين بما كسبوا وهو واقع بهم، ألا إن الظالمين في عذاب مقيم وما كان لهم من أولياء ينصرونهم من دون الله ومَن يُضلل الله فما له من سبيل.

الخرّاصون: الذين هم في غمرة ساهون، يسئلون أيّان يوم الدين يوم هم على النار يُفتنون فيُقال لهم ذوقوا فتنتكم هذا الذي كنتم به تستعجلون.

(97)

أولياء الشيطان "حزب الشيطان ـ أصحاب النار المُعرِض عن الرحمن"

حزب الشيطان: قوم غضب الله عليهم ما هم من المؤمنين ولا هم منهم، ويحلفون على الكذب وهم يعلمون، أعدّ الله لهم عذابًا شديدًا إنهم ساء ما كانوا يعملون اتخذوا أيمانهم جنّة فصدّوا عن سبيل الله فلهم عذاب مُهين، لن تُغني عنهم أموالهم ولا أولادهم من الله شيئًا أولئك أصحاب النار هم فيها خالدون، ويوم يبعثهم الله جميعًا فيحلفون كما يحلفون للمؤمنين، ويحسبون أنهم على شيء ألا إنهم هم الكاذبون استحوذ عليهم الشيطان فأنساهم ذكر الله.

أصحاب النار: الخالدين فيها الذين كذّبوا بآيات الله واستكبروا عنها فلا تُفتَح لهم أبواب السماء فليس لهم توبة، فهم أصحاب الجحيم الذين سعوا في آيات الله معاجزين، هم الذين يأكلون أموال الناس بالباطل فإنما يأكلون في بطونهم نارًا فقد قالوا البيع مثل الربا، وقد أحلّ الله البيع وحرّم الربا ويمحق الله الربا ويُربي الصدقات، والذين يأكلون الربا لا يقومون إلّا كما يقوم الذي يتخبّطه الشيطان من المسّ.

مَن يعشْ معرضا عن ذكر الرحمن: فهو الذي يُقيّض له شيطانًا فهو له قرين ليصدّوه عن السبيل ويحسب أنه على هدى، زيّن له الشيطان عمله فأصبح في ضلال مبين.

 ∘∘∘∘∘∘∘∘∘∘∘∘∘ أسماء محمد الكواملة ∘∘∘∘∘∘∘∘∘∘∘∘∘∘∘∘

(98)

القلوب المريضة "قاسية ـ زائغة ـ مكنونة"

قاسية: فهي قلوب كالحجارة أو أشد قسوة، بل وإن من الحجارة لما يتفجر منه الأنهار وإن منها لما يهبط من خشية الله وما الله بغافل عما يعمل الظالمون.

زائغة: هي القلوب التي زاغت عن الحق والصواب التي لا يصل لها الهدى، فهي القلوب الملعونة من الله بعدم الرحمة، فتُبدى لهم وكأنها مُغلّفة مغطّاة مُغلقة.

مكنونة: هي القلوب التي جعل الله عليها أكنّة فلا تفقه ولا تسمع ولا تُبصر ولا تعقل تكون كالجماد بل أشد، وهذا جزاء لعدم وجود بها خير للإيمان فختم وطبع الله عليها بالضلال لأنهم كانوا على علم بالهدى والحق، فأصبحت تلك القلوب مريضة فزادها الله مرضًا بالطبع عليها بعدم الشفاء.

(99)

فريق الدنيا "المتكبرون – الخاسرون – المُراؤون"

المتكبرون : هم الذين يرتكبون الكبائر، وهذا الكبر هو أشد كبيرة، فكل المتكبرين في النار من المشركين والكفار والفاسقين مع الشيطان فهذا حزب الشيطان، فالله وحده هو المتكبر وكل مَن في السماوات والأرض إلّا آتى الرحمن عبدًا لقد أحصاهم وعدّهم عدًّا، فمَن يُنازع الله في شيء ليس له بل لله، الله يقذفه في النار.

الخاسرون : المستمتعون بخالقهم نصيبهم من الدنيا والذين يخوضون مع الخائضين، فأولئك حبطت أعمالهم في الدنيا والآخرة، فهم الذين ضلّ سعيهم في الحياة الدنيا وهم يحسبون أنهم يحسنون صنعًا، أولئك الذين كفروا بآيات ربهم ولقائه فحبطت أعمالهم فلا يُقيم الله لهم وزنًا يوم القيامة، وجزاءهم جهنم بما كفروا واتخاذ آيات الله هزوًا، الذين لا يؤمنون بالآخرة فزيّن الله لهم أعمالهم فهم يعمهون ولهم سوء العذاب فهم الذين آمنوا بالباطل وكفروا بالله، فهم الأخسرون أعمالًا الذين ضلّ سعيهم في الحياة الدنيا وهم يحسبون أنهم يُحسنون صنعًا، أولئك الذين كفروا بآيات ربهم ولقائه فحبطت أعمالهم فلا يُقيم الله لهم وزنًا يوم القيامة، فهم لا يؤمنون بالآخرة، فهم يعمهون لهم سوء العذاب فقد خسروا أنفسهم فخسروا الدنيا والآخرة.

المُراؤون: هم الذين يُراؤون الناس يفعلون الخير لنيل إعجاب وثناء الناس عليهم، فالأولى رضا الله وحده فهذا الرياء شرك بالله، فالله لا يقبل إلّا العمل الخالص له وحده، فالله هو الذي خلق الناس جميعًا.

(100)

الوزن الحق "يوم القيامة ـ جزاء السيئة ـ جزاء الحسنة"

يوم القيامة: هو اليوم الذي لا مردّ له، فيه تجد الناس لا ملجأ لهم ولا نكير له، فها هو أصبح حق اليقين فمَن يُرد لقاء الله يعمل عملًا صالحًا ولا يُشرك بعبادة ربه أحدًا، وفي يوم القيامة مَن ثقلت موازينه فهو في عيشة راضية، وأمّا مَن خفّت موازينه فأمّه هاوية نار حامية.

جزاء السيئة: سيئة مثلها فمَن عفا وأصلح فأجره على الله إنه لا يحب الظالمين، ومَن جاء بالسيئة فيُكبّ وجهه في النار وهذا ليس جزاءً إلّا بما عمل.

جزاء الحسنة: مَن جاء بالحسنة فله خير منها ويوم الفزع الأكبر في أمان.

القبسة(101)

الكتب السماوية "صحف إبراهيم والتوراة ـ الإنجيل ـ القرآن"

*صحف إبراهيم : أمثال وإشارات ونوعا من الحكم تشبيهًا بالماديّات تُخاطب العقول على قدر تطورها تدعو إلى التوحيد وأن الله هو الحيّ القيوم المحيي المميت دعوة لقول الله عز وجل: "قل هو الله أحد(1) الله الصمد(2)" وذلك حينما دعا إبراهيم للتوحيد وعبادة إله واحد وترك الأصنام، وأيضًا عندما واجه النمرود بقوله الله هو المُحيي المُميت أي الحيّ القيوم أي الصمد فحينها جادل النمرود بالباطل، وعندما قال له الله يأتي بالشمس من المشرق فأتِ بها من المغرب فبُهِت الذي كفر فهذه كانت دعوة صحف سيدنا إبراهيم إلى الإسلام كاملًا ولكن رحمة الله دعت إرسال رسل أخرى نظرًا لأنهم اختلفوا في الفهم فالله أعلم بصنعته لكن بعد القرآن هو عالم بصنعته قد اكتملت الرحمة، لذلك قال في كتابه العزيز "لا إكراه في الدين قد تبيّن الرشد من الغيّ".

وكذلك التوراة كانت تدعو إلى التوحيد مثل صحف إبراهيم، حينما ذهب سيدنا موسى لفرعون فدعا لعبادة الله وأن الله هو الصمد الحيّ القيوم، ولا شك أن بني إسرائيل قالوا مثل النصارى العزير ابن الله فدعوا لله ولد فتكاد السماوات يتفطّرن من هذا البُهتان العظيم، فقد كان سيدنا موسى وسيدنا ابراهيم وكل الرسل يدعون إلى الإسلام.

*الإنجيل : كانت أيضًا أمثال وأحكام نزلت على سيدنا عيسى فكانت أيضًا إشارات تمثيلًا بالماديات، فقد وُلِد عيسى بدون ذكر من أنثى فقط ليؤكد أن الله هو الحيّ المحي خرقا لقوانين الكون فهو القادر، أمره بين الكاف والنون مثلما خلق آدم، لكي يقول الله أحد فهذا بشر مخلوق فهل يستوي الخالق من المخلوق، فخلقُ آدم

بدون ذكر وأنثى هل هذا يحق له بأنه الخالق، فكان أيضًا لشفاؤه الأبرص والأكمه كل ذلك ليؤكد قول الله "قل هو الله أحد(1) الله الصمد(2) لم يلد ولم يولد (3)" فقد كان سيدنا عيسى أيضًا يدعو إلى الإسلام كاملًا فالدين لهم كان كاملًا لكنهم أتوا بعد ذلك واختلفوا فرحمة الله دعت أن يُرسل خاتم المرسلين بالرسالات.

*القرآن الكريم : هو الوحي المُنزّل مُنجّمًا على سيدنا محمد صلى الله عليه وسلم ليدل على أنه نزل مقروء عليه ليس مكتوب وأنه من الغيب ليس من بشر، ليدعو الناس للتوحيد ويُبين لهم ما اختلف فيه النصارى واليهود وهو كينونة الإله باستخدام الغيبيات ومعك التأمل في الماديات في الكون والنفس والآفاق لم يكن إشارات فأتى القرآن يقول "قل هو الله أحد(1) الله الصمد(2) لم يلد ولم يولد (3) ولم يكن له كفوًا أحد(4)" فأكّد أن الله ليس له مثيل لتعرف وصفه وليس له صاحبة أو ولد وبعد نزول القرآن قال الله "اليوم أكملت لكم دينكم وأتممت عليكم نعمتي ورضيت لكم الإسلام دينًا" فقد تبيّن الرشد من الغيّ ووضح كل شيء لم يعد شيئًا غامضًا والنعمة هي الرحمة بإرسال الرسل والرسالات، فكان كل شيء واضح في الغيب قبل أن تأتي عالم الشهادة، وهنا قد رضى الله بالإسلام دينًا بعد أن أكمله بالرحمة بعدما كان كاملًا بالحق فقد دعا سيدنا محمد صلى الله عليه وسلم إلى التوحيد وهو الإسلام فقد دعا إلى ما كان يدعو إليه الرسل من قبل سيدنا محمد فما كان بدعًا من الرسل بل كانت هذه رحمة الله فجعلها سنة كونية بإرسال الرسل، فالقرآن دعانا إلى الإيمان بكل الرسل لا نفرق بين أحد منهم، فشمل القرآن القصص عن بني إسرائيل من يهود ونصارى وتحدّث عن سيدنا إبراهيم كبداية لإسحاق ويعقوب ويوسف لبنى إسرائيل، وإسماعيل ومحمد للعرب فالقرآن تحدّث عن صحف إبراهيم وصحف موسى والإنجيل وبعض رسالات الأنبياء بصورة عمومية، وبعد القرآن انتهى إرسال السماء من كتب سماوية ولكن يظل العلم، فالعلماء

ورثة الأنبياء فيظل تشريع العلماء مستمدًا من القرآن والسنة النبوية لمخاطبة العقل المتطور ومعالجة القضايا المتجددة فلا غرابة ولا عجب فلا شيء يخرج علمه عن كتاب القرآن الكريم وأحاديث رسول الله فهما بمثابة كتالوج للكون أيا كان كون السماوات والأرض والآفاق، وكون الإنسان.

(المؤمن الحق)

- إنما المؤمن الحقيقي

الصادق المخلص التقيّ

- ومَن انتقص منهم واحدة

فهو عند ربه مؤمن عصيّ

- ومَن كان صادقًا لوعد ربه

فهو في مقام الصديقي

- أمّا مَن كان مُخلصًا خالصًا

فهو مَن أخلص دينيًا

- ولا يكن صادقًا مخلصًا

إلّا مَن كان تقيًّا

- ونعم المؤمن التقيّ

فهو عند ربه رضيّ

- ومن معاني الصدق أن تكون

طاعتك لله في الظاهر والباطن متماثلي

- أمّا الإخلاص فأن تكون

نفسك طاهرة فتصبح سويًّا

- والتقوى أن تعبد ربك

خشية العذاب الخفيّ

أسماء محمد الكواملة

• هذا باختصار المؤمن الذي نبحث
عنه لنعش مجتمعًا سويًّا

أسماء

أسماء

الخاتمة

الكتيب يدعوك إلى فهم رسالتك في الحياة عن طريق تهذيب النفس وسلوكها الطريق المستقيم لتحيا حياة السعداء في الدنيا قبل الآخرة، ويجب عليك أن تفهم ما في هذا الكتيب جيدًا فقد تناول الجانب النفسي، وجانب تأملي فكري، وجانب تأملي في القرآن، ويفسر لغز الحياة السويّة البعيد عن الانحرافات الضّالة في مسألة فصل العلم عن الدين ففي الحقيقة العلم والدين وجهان للإيمان بالله، وتجد هذا الكتيب عبارة عن خواطر ومضية في صورة قبسات فكرية معاصرة سلسة الأسلوب قوية البرهان المنطقي الاستدلالي ويُعطي الخاطرة القبسية التي تكون في ظلّ الإسلام وتعني استشعار يُقذف في القلب في لحظة ما والشخص هو الذي يضع لها الصورة اللفظية، ولا بد أن تنشر لمعالجة الواقع فهي لا تصف ماضيًا بل تصف الواقع لأنها نبعت منه وتشكّلت تجربة فتحولت لحكمة، ثم عقبها تصبح ماضيًا ومستقبلًا، وهدفها إرشاد وتوجيه أو إصلاح ما بين الناس بناءً على استشعار قلبي، فما تُقال إلّا لجبر خواطر الآخرين إمّا بالنصح أو بالتوعية أو التخفيف عن الآخرين من ألم نفسي أو استنهاض همّة كرفع الروح المعنوية، فما ثوابه أنه فقط أجره وجبر خاطره على خالقه ليس على مخلوق، ويجب على كل إنسان أن يتخذ طريق الحياة السويّة دون النظر إلى الآخرين، فلا يلتفت إلى الذين يتبعون الشهوات ولا يميلون ميلًا عظيمًا، فيجب ألّا تُقارن حال إنسان بحال إنسان آخر نظرًا لتغيّر العوامل الفكرية والنفسية والتربوية والاجتماعية والعلمية والإيمانية، فاحرص على بناء ذاتك جيدًا مُتبعًا طريق حزب الله ليس حزب الشيطان.......

انتظرونا في الكتاب القادم من هذه السلسلة بمشيئة الله سبحانه وتعالى، ستجدون به إن شاء الله معلومات عصرية جديدة بأسلوب

 أسماء محمد الكواملة

جديد مُبتكر، وتنظيم نمطي بشكل جديد بمنهج جديد في ظل الحياة السويّة.